京華通覽
西山永定河文化带

主编／段柄仁

畅春园

张宝章／著

北京出版集团公司
北京出版社

图书在版编目（CIP）数据

畅春园 / 张宝章著. — 北京 ：北京出版社，2018.3
(京华通览 / 段柄仁主编)
ISBN 978-7-200-13828-3

Ⅰ. ①畅… Ⅱ. ①张… Ⅲ. ①畅春园—介绍 Ⅳ. ①K928.73

中国版本图书馆CIP数据核字（2018）第006423号

出版人 曲 仲
策 划 安 东 于 虹
项目统筹 孙 菁 董拯民
责任编辑 于 虹
封面设计 田 晗
版式设计 云伊若水
责任印制 燕雨萌

畅春园
CHANGCHUNYUAN
张宝章 著

北京出版集团公司
北 京 出 版 社 出版
*
（北京北三环中路6号）
邮政编码：100120

网 址：www.bph.com.cn
北京出版集团公司总发行
新 华 书 店 经 销
天津画中画印刷有限公司印刷
*
880毫米×1230毫米 32开本 6.25印张 127千字
2018年3月第1版 2024年3月第4次印刷

ISBN 978-7-200-13828-3
定价：45.00元

如有印装质量问题，由本社负责调换
质量监督电话：010-58572393

《京华通览》编纂委员会

《京华通览》编辑部

《唐土名胜图绘》中的畅春园宫之一

《唐土名胜图绘》中的畅春园宫之二

序

PREFACE

擦亮北京“金名片”

段柄仁

北京是中华民族的一张“金名片”。“金”在何处？可以用四句话描述：历史悠久、山河壮美、文化璀璨、地位独特。

展开一点说，这个区域在70万年前就有远古人类生存聚集，是一处人类发祥之地。据考古发掘，在房山区周口店一带，出土远古居民的头盖骨，被定名为“北京人”。这个区域也是人类都市文明发育较早，影响广泛深远之地。据历史记载，早在3000年前，就形成了燕、蓟两个方国之都，之后又多次作为诸侯国都、割据势力之都；元代作为全国政治中心，修筑了雄伟壮丽、举世瞩目的元大都；明代以此为基础进行了改造重建，形成了今天北京城的大格局；清代仍以此为首都。北京作为大都会，其文明引领全国，影响世界，被国外专家称为“世界奇观”“在地球表面上，人类最伟大的个体工程”。

北京人文的久远历史，生生不息的发展，与其山河壮美、宜生宜长的自然环境紧密相连。她坐落在华北大平原北缘，“左环沧海，右拥太行，南襟河济，北枕居庸”“龙蟠虎踞，形势雄伟，南控江淮，北连朔漠”。是我国三大地理单元——华北大平原、东北大平原、蒙古高原的交汇之处，是南北通衢的纽带，东西连接的龙头，东北亚环渤海地区的中心。这块得天独厚的地域，不仅极具区位优势，而且环境宜人，气候温和，四季分明。在高山峻岭之下，有广阔的丘陵、缓坡和平川沃土，永定河、潮白河、拒马河、温榆河和蓟运河五大水系纵横交错，如血脉遍布大地，使其顺理成章地成为人类祖居、中华帝都、中华人民共和国首都。

这块风水宝地和久远的人文历史，催生并积聚了令人垂羡的灿烂文化。文物古迹星罗棋布，不少是人类文明的顶尖之作，已有 1000 余项被确定为文物保护单位。周口店遗址、明清皇宫、八达岭长城、天坛、颐和园、明清帝王陵和大运河被列入世界文化遗产名录，60 余项被列为全国重点文物保护单位，220 余项被列为市级文物保护单位，40 片历史文化街区，加上环绕城市核心区的大运河文化带、长城文化带、西山永定河文化带和诸多的历史建筑、名镇名村、非物质文化遗产，以及数万种留存至今的历史典籍、志鉴档册、文物文化资料，《红楼梦》、“京剧”等文学艺术明珠，早已成为传承历史文明、启迪人们智慧、滋养人们心灵的瑰宝。

中华人民共和国成立后，北京发生了深刻的变化。作为国家首都的独特地位，使这座古老的城市，成为全国现代化建设的领头雁。新的《北京城市总体规划（2016年—2035年）》的制定和中共中央、国务院的批复，确定了北京是全国政治中心、文化中心、国际交往中心、科技创新中心的性质和建设国际一流的和谐宜居之都的目标，大大增加了这块“金名片”的含金量。

伴随国际局势的深刻变化，世界经济重心已逐步向亚太地区转移，而亚太地区发展最快的是东北亚的环渤海地区、这块地区的京津冀地区，而北京正是这个地区的核心，建设以北京为核心的世界级城市群，已被列入实现“两个一百年”奋斗目标、中国梦的国家战略。这就又把北京推向了中国特色社会主义新时代谱写现代化新征程壮丽篇章的引领示范地位，也预示了这块热土必将更加辉煌的前景。

北京这张“金名片”，如何精心保护，细心擦拭，全面展示其风貌，尽力挖掘其能量，使之永续发展，永放光彩并更加明亮？这是摆在北京人面前的一项历史性使命，一项应自觉承担且不可替代的职责，需要做整体性、多方面的努力。但保护、擦拭、展示、挖掘的前提是对它的全面认识，只有认识，才会珍惜，才能热爱，才可能尽心尽力、尽职尽责，创造性完成这项释能放光的事业。而解决认识问题，必须做大量的基础文化建设和知识普及工作。近些年北京市有关部门在这方面做了大量工作，先后出版了《北京史》（10卷本）、《北京百科全书》（20卷本），各类志书近900种，以及多种年鉴、专著和资料汇编，等等，为擦亮北京这张“金名片”做了可贵的基础性贡献。但是这些著述，大多是服务于专业单位、党政领导部门和教学科研人员。如何使其承载的知识进一步普及化、大众化，出版面向更大范围的群众的读物，是当前急需弥补的弱项。为此我们启动了《京华通览》系列丛书的编写，采取简约、通俗、方便阅读的方法，从有关北京历史文化的大量书籍资料中，特别是卷帙浩繁的地方志书中，精选当前广大群众需要的知识，尽可能满足北京人以及关注北京的国内外朋友进一步了解北京的历史与现状、性质与功能、特点与亮点的需求，以达到“知北京、爱北京，合力共建美好北京”的目的。

这套丛书的内容紧紧围绕北京是全国的政治、文化、国际交往和科技创新四个中心，涵盖北京的自然环境、经济、政治、文化、社会等各方面的知识，但重点是北京的深厚灿烂的文化。突出安排了“历史文化名城”“西山永定河文化带”“大运河文化带”“长城文化带”四个系列内容。资料大部分是取自新编北京志并进行压缩、修订、补充、改编。也有从已出版的北京历史文化读物中优选改编和针对一些重要内容弥补缺失而专门组织的创作。作品的作者大多是在北京志书编纂中捉刀实干的骨干人物和在北京史志领域著述颇丰的知名专家。尹钧科、谭烈飞、吴文涛、张宝章、郗志群、马建农、王之鸿等，都有作品奉献。从这个意义上说，这套丛书中，不少作品也可称“大家小书”。

总之，擦亮北京“金名片”，就是使蕴藏于文明古都丰富多彩的优秀历史文化活起来，充满时代精神和首都特色的社会主义创新文化强起来，进一步展现其真善美，释放其精气神，提高其含金量。

2017 年 11 月

目录

CONTENTS

康熙帝建成畅春园

建筑景观概貌

康熙帝建成畅春园

畅春园是清代在北京西郊修建的第一座大型的皇家园林。从康熙帝这座“避喧听政”的御园开始,陆续修建了圆明园、香山静宜园、玉泉山静明园，到乾隆中叶建成万寿山清漪园,横跨数十里的“三山五园”皇家园林集群就建设成功了。海淀一带遂成为紫禁城外又一个政治活动中心，对清代的历史产生了重要影响。

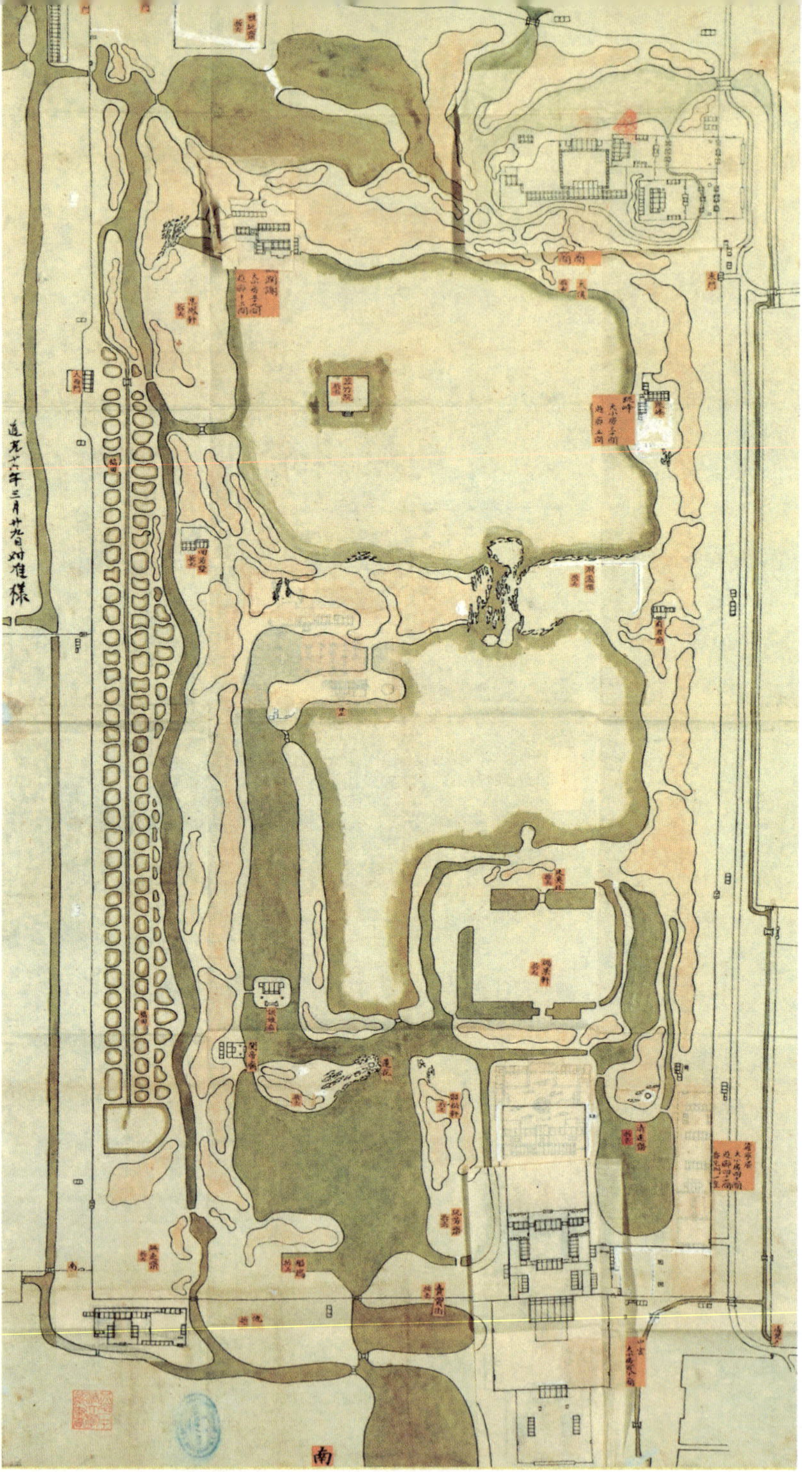

清道光《畅春园地盘形势全图》

顺治帝和康熙帝热衷修建行宫

由于满族长期生活在东北平原和蒙古大草原一带，过着游牧、渔猎和征战的生活，形成了固有的民族生活习俗。顺治皇帝福临在北京登基之后，很不适应紫禁城内封闭枯燥和盛夏溽暑的宫廷生活，便在京城南郊明代旧苑南海子修建了南苑行宫。顺治帝经常到广袤宽敞而又水草丰美的南海子去，在那里渔猎和演练骑射，既能避暑，又可健身，还能继承祖先崇尚习武的传统。

玄烨从康熙四年（1665年）十月首次在南苑“校射行围”连住十一宿起，到康熙十九年（1680年）这十六年中，到南苑行宫较为频繁，一年少则游驻一次，多则五次。康熙十六年（1677年）玄烨即修建了香山行宫。在香山行宫建成三年之后，即康熙十九年（1680年），开始修建玉泉山行宫。

康熙帝又选址海淀修建了畅春园

康熙帝已经在西郊修建了香山和玉泉山两座行宫，为什么还要再建一座畅春园？为什么将御园选址在海淀附近的清华园旧址上呢？

第一，此地的自然山水条件优越。这里是巴沟低地的边缘地带，有众多泉水涌出，形成了几座小湖，又汇聚了西来的玉泉、西山诸泉的水流和南来的万泉河水，形成了范围较大、水量充足的湖泊——丹稜沜。香山双清、玉乳泉和碧云寺卓锡泉、寿安山樱桃沟泉等，水量丰沛，常年涌流不竭。这些泉水，流出西山后便渗入地下，又从玉泉山下喷涌出来。玉泉山有玉泉、裂帛泉、迸珠泉、涌玉泉等多股泉水。西山和玉泉水汇流于瓮山泊（也叫裂帛湖、西湖），形成一座大湖。湖水经䁖岣河流入丹稜沜。发源于万泉庄的万泉河，与发源于巴沟村的万泉河西支——巴沟河，二河的河水也都流入丹稜沜。丹稜沜水即是畅春园的供水来源。王鸿绪在谈到畅春园的水景观时写道："西岭千重水，流成裂帛湖。分支归御苑，随景结蓬壶。玉蝀凌波迥，瑶台入汉孤。上林曾有赋，于此见真图。"

畅春园以西，是一带逶迤连绵、峻峭秀美的西山，以及西山余脉金山、玉泉山和瓮山。一座座雪覆云遮，或漫坡红叶，或朱黄碧翠的山峰，成为畅春园最适宜、最巧妙的背景和借景，使得御园山环水绕、山水相倚，充满了大自然的钟灵毓秀和朦胧的仙境般的氛围。这是畅春园得天独厚的优越的造园条件。

第二，这里地理位置适宜。距离京城较近，又摆脱了城市的喧嚣和嘈杂；也不像香山、玉泉山那么偏远，可免去朝臣们为上朝谒见而长途往返奔波的沉重负担。清华园一带地势平坦，园域广阔，不但可以叠山理水，栽树种花，还可以修建宏大的殿堂，

畅春园首位主人康熙皇帝朝服像

举行盛大的朝会，而且园囿周围有较多空地，可供王公大臣修建赐园，也有民房和庙宇可供上朝臣子租住或借宿。正因为如此，在海淀、六郎庄、挂甲屯、成府这些御园周围的村庄，便建起了数十座王公大臣的赐园和宅园，为上朝创造了居住条件。

第三，历史人文环境良好。畅春园西边的玉泉山和瓮山泊，由于其优越的自然条件，早就得到一定程度的开发，成为著名的风景游览区。玉泉山曾是金章宗多次游览的名山，并建有芙蓉殿行宫，为西山八院之一的泉水院。玉泉垂虹为“燕山八景”之一。明代修建了上下华严寺、昭化寺等众多名寺。瓮山西湖景名声远播，被誉为“壮观神州第一”。湖畔的功德寺和圆静寺更是名人荟萃之地。明武宗在湖畔筑有钓台，古代诗人对这里吟咏的诗篇多不胜数。

明代在此地修建的清华园和勺园，更是中国古代造园艺术的代表作，成为明代朝臣和文人雅士聚会与游览之地，从这里传出了一桩桩文坛佳话和难以计数的优秀文章与诗篇。而海淀及周围修建的古寺名刹，以及达官贵人的遗闻轶事、文人墨客的诗文辞赋，构成了这一带深厚的历史文化积淀。在这样的背景下修建一座御园，更加重了它的文化氛围，使当代文化与历史文化密切地融合到一起。

第四，此地有李伟修建的清华园的基础，便于吸收前人的造园成果，进行重新规划和创新设计，能够收到事半功倍的效果。可以利用已有的占地范围，避免重新占据大面积耕地和村庄，省去了另行开辟新地和居民搬迁之苦，节约建筑工程量和大量经费开支，达到节俭办事的目的。这也是康熙帝的一贯主张。

在海淀村西北清华园旧基上修建一座大型御园，这是最佳的选择，于是畅春园便动工修建了。

在清华园的基础上修建御园

清华园是明代李伟在海淀西北方修建的一座大型私家园林。园主人李伟(1510—1583 年)曾是既有权势又极豪富的皇亲国戚。

清兵入关，大清王朝建立以后，顺治帝降旨“圈地”，清华园被占为“官地”,归肃亲王豪格所有。康熙初年清华园的园主人，是肃亲王豪格之孙、显亲王丹臻。此时清华园的概貌如何，史学家谈迁在《北游录·纪邮》中记述了他亲历的情景。那时，谈迁正留居北京。康熙十二年(1673 年)七月二十八日,朱太史告诉他:因奉命到西郊白石桥万驸马家园，为故乌金王上香，顺便北驰十里到海淀，游览了李戚畹园，现在此园归肃亲王所有。他还向谈迁夸耀清华园的“胜景”。此言激发得谈迁游心勃勃，极欲看个究竟。

第三天，谈迁即“早发为海淀之游”。他写道：“策蹇出西直门，十二里至海淀，则清华园。故武清伯李诚铭以神祖元舅余力治园。其地十顷，穿沼垒石，费亿万缗。胜甲都下，环治通舟，前后汪洋，直若薮泽。莲芡菰蒲，兼以水稻。坐暨香亭中，有阁矗其前，群峰北拱……阁峻甚，乱石叠其址，纹为冰裂。崇祯丙子冬，肃王内攻，尝驻此，毁其阁。今加葺者，又即肃王也，事不可料如此。园额米万钟书……寻左径，度山楼，峰回洞转，巧夺天成。徐步出园……”这一段细致具体的描述，使我们得知，清华园在康熙十二年（1673年）初秋的真实面貌。此时的园主人正是第三代肃亲王（后改封显亲王）丹臻。显亲王府曾对被毁的高阁进行修

玉泉山下的石牌坊（旧照）

葺，对园景也做过整修，以至谈迁还坐在暨香亭中“解衣沽酒”，称赞高阁耸矗，“峰回洞转，巧夺天成”，堪称“胜景”。丹臻将此园交给武清侯李国瑞的昔日家仆董某管理经营，将荷池改成稻田，年获利上百两白银。

又过了十年以后，显亲王得知皇上有意要在清华园的基础上修建新的御园，便将此园奉献给康熙皇帝了。此时的园景，正如玄烨在《畅春园记》中所描绘：“当时韦曲之壮丽，历历可考，圮废之余，遗址周环十里。虽岁远零落，故迹堪寻。瞰飞楼之郁律，循水槛之逶迤。古树苍藤，往往而在。”畅春园就是在这样一座园林旧址上修建的。

第一，园域范围俱仍其旧，东南北三面园墙都与旧墙一致，只是畅春园西园墙向内收缩，使整个园林占地面积减少了三四成。

《米氏勺园图》局部

正如玄烨在《畅春园记》中所写："絜其广袤，十仅存夫六七。"

第二，沿袭了旧园水面大于陆地的整体布局，保留了"前后重湖，一望漾渺"的视觉感受。园正中前湖和后湖成为主要水域，而且全园的河湖水面还有所扩大，也如《畅春园记》所说："惟弥望涟漪，水势加胜耳。"对旧有的假山，也是能利用的就利用和改造。对此，《畅春园记》也有原则性的记述："爰诏内司，少加规度，依高为阜，即卑成池，相体势之自然，取石甓夫固有。"

第三，旧园花木配置的优势也得到继承和发展。苍松翠柏继续在庭院、山坡、河畔茁壮生长，满湖莲藕，满院牡丹仍在新园里绽放。

第四，建筑物的总体布局仍袭旧例，甚至还将未倒塌的楼阁，加以重新修葺改造，成为具有新风格的建筑。

如上所述，从园林的规划格局来看，畅春园中透露着清华园明显的痕迹。但畅春园是一座全新的皇家园林，由于它特殊的实用功能，使它在总体设计、叠山理水、花木配置、建筑规格及布局等各方面，又完全不同于私家花园别墅的清华园。

一座山环水抱的水景园

利用天然的山水优势，巧妙构思，因地制宜地叠山理水，是建造新的园林首先要考虑的问题。畅春园的山水格局十分得体，达到了很高的造园艺术水平。

畅春园的水源是玉泉水和万泉河水。西水和南水分别流入丹

明代王绂《燕京八景图》之玉泉垂虹

稜洪，然后从西南部进水闸和船坞南边水闸流进园内。万泉河水分为两支：西支从双桥顺西园墙往北流，一直进入圆明园，在园西北角分出一股沿北墙东去；东支从双桥往东，绕过大宫门前和园东南角，从清梵寺往北流，与园东北角出水闸的水流汇合，往东北流，与万泉河西支汇合，然后流入清河。即是说，畅春园的四周围墙，全在万泉河水的包围环绕之中。畅春园的出水口有三个，除东北角水闸外，在园北部偏东和西北角还有两个出水闸。

西南水闸的水流入园内后，弯弯曲曲径向北流，奔向西北出水闸，形成一条西部长河，中间有几道小河与东西水域相通。船坞南进水闸的水流，向北向东流去，遍布全园四方，形成了大小长短形状各异的多处湖泊和小溪。园内较大的湖泊有六个，水域最广的是园中部的前湖和后湖，两湖相通，中间有少量建筑物，几乎连成一片，给人以浩渺无际之感，有人竟将其与西湖相比。后湖呈方形，中有一座小岛。前湖东南部建有一组宫殿，殿东、西湖中有三道长堤，自东而西为丁香堤、兰芝堤、桃花堤。园南部中宫两侧有两处较大水面，称为宫东小湖和宫西小湖。园北部在后湖北侧，由土山分割，形成东西两个小湖，称为东北小湖和西北小湖。

园内河溪，除西部长河以外，还有一条沿西园墙纵贯南北的灌渠，专为灌溉庄稼之用。其他联络各个水面的溪流纵横交错，形成一个四通八达的通水网络。

河湖能够行舟。园南墙内建有船坞，存放着大小御舟，小船额为“月波”；两只大船，一名吉祥舟，一名载月舫。龙舟可游遍全园，也可出船坞南门，直达圣化寺和泉宗庙。玄烨经常与朝中近臣荡舟湖上，欣赏美妙的湖上风光。尚书王鸿绪有一首泛湖纪游诗写道：“苑里芳湖百顷光，甃成文石养鱼塘。绕堤杨柳凝深绿，傍岸菰蒲散晓凉。波面游鳞常出没，水中香饵自低昂。到来至乐同濠上，尤觉天池生意长。”

畅春园的宫殿台榭也多依水而建。河厅水榭，湖中高阁，岛上庙宇，随处可见。更有假山叠水，飞瀑流韵，将畅春园建成京城罕见的水景园。

古人说：“园林之胜，惟是山水二物。无论二者俱无，与有山无水，有水无山，不足称胜。”畅春园中的叠山艺术也称得上是当时之冠。园内堆砌了五十余座土山，东西园墙内各有冈峰相接，逶迤回环；湖池河溪之间，高峰突兀，低冈盘桓，连绵起伏，宛转错落。这些山体起到组织风景画面，协调景物聚散，填补景区空间，衬托花木配置，造成曲径通幽，设置远望景点，以及遮挡北方风寒等作用，是造园艺术中不可缺少的重要元素和手段。

除去堆积土山外，畅春园还用多种名贵的江南山石叠砌了十几座假山，其中最著名的就是园东南部的剑山。剑山西侧是中宫的云涯馆，山东南是澹宁居，剑山用灵璧和太湖石巧妙组合而成，怪石突兀，剑铓指天，峻嶒峭美，气势非凡。园北部竹轩西侧叠置一座假山，秀峰高耸，石壁峭立，石磴蜿蜒可通峰顶。山下翠竹成林，蓊郁挺拔。竹轩全用竹木编成，竹壁竹顶，通体青翠。翠竹与碧石相映生辉，形成一派清爽静谧的氛围，建造了一处独特的空间。园南部宫西小湖北岸孤岛上，有一处“莲花岩”假山，山上有亭。连通前湖与后湖小溪的两侧，有一片隔湖假山，园西北观澜榭西侧有一座挡风的假山等。

整个畅春园内，山环水复，衔山抱水，建筑景观与花木配置相互因借，前后映衬，达到了高度巧妙的结合，体现出高超的造园艺术水平。张廷瓒曾被召游览御园，写有畅春园组诗，其中有几首写的正是园内山水风景：

露滴晴皋出凤城，
垂鞭沙路马蹄轻。
华林院外清阴满，
坐倚高槐听鸟声。

磷磷石色鲇苍苔，
一曲清溪许溯洄。
夹岸蝉声听不断，
小舟移过板桥来。

平湖风细镜同清，
指鲇亭台烟雾生。

苍翠远飞千树外，
西山一带画屏横。

紫兰含露傍云编，
渊鉴斋头玉井莲。
鱼鸟真同灵沼乐，
菰蒲深处白鸥眠。

暮山烟敛夕阳红，
返辔平畴受好风。
回望觚棱浮树杪，
此身来自五云中。

别具特色的花木配置

畅春园中的花木配置具有地方特色和皇家园林的风格。园中最高耸挺拔的是苍松翠柏，栽植面积最为广阔的是荷花莲藕，品种最多最为贵重的是牡丹，最为珍奇又味道甘美的是葡萄。

畅春园的松柏树大都是清华园遗留下来的，很多生长在御园南部。松树是长寿的象征，一些殿堂庭院长有古松，便常以松命名。如无逸斋别院有松树和竹林，便命名“松篁深处”；中宫西边庭院和殿后土山上下，生长一片松柏树林，清风吹来发出阵阵清韵，这座斋室便命名“韵松轩”。弘历在乾隆三十四年（1769

年）题有《韵松轩口号》诗:"韵松恒是听风籁，独喜今朝泛雨涛。弘景清音鲜恺泽,士元应占一筹高。"在韵松轩北边设置一道水闸，取名"松柏闸"。

畅春园内水面很大，有湖水的地方就有荷花。后湖南岸的清籁亭是赏荷的最佳地点。放眼展望,满池荷花迎风摇曳,清凉拂面，荷香盈袖，使人想起"出淤泥而不染"的名句，赞美其非凡的品格。前湖南岸有一处"观莲所";在前湖与宫西小湖之间的假山上，有一座"莲花岩亭"，也都最宜于赏荷。园内还有成片的海淀特产白莲花，剑山下的远香亭是人们最乐于观赏白莲的地方。

玄烨常常泛舟观荷,写有《初秋幸西苑观荷命小船采莲》一诗:"命驾临西苑，初秋向晚天。芰荷池沼满，鸥鹭夕阳边。频使移轻舫，时来献采莲。离宫槛栏外，风动碧翩翩。"玄烨还常召近臣赏荷。康熙三十四年(1695年)六月二十日,康熙帝召户部尚书、左都御史、少詹事数人，还有张英及其长子张廷瓒，赐膳后登舟泛湖赏荷，并各赐一瓶红白千叶莲花。张英父子各有诗纪事。张英的七律诗写道:"自昔诗称玉井莲，锦堂今见露花鲜。重召异种蓬壶客，碧藕奇姿太液仙。瓶贮荷香分渥泽，舟移花影度晴川。一曾拜赐芙蓉阙，日日清芬几席前。"张廷瓒写道:"藕花开遍钓鱼矶，含蕊千重异种稀。十队明霞香铺路，侍距齐捧胆瓶归。"

牡丹花是富贵的象征，是清华园的传统名花。"园中牡丹多异种，以绿蝴蝶为最，开时足称花海。"畅春园的牡丹花有过之而无不及。玄烨最爱牡丹花，前湖四周、后湖西岸的牡丹花成片种植，并且间以芍药，也被称为"花海"。皇上主持编辑《牡丹花谱》，“御谱新标题名外，佳名微别浅深间”，御赐牡丹花名90余种，而最为珍视的还是清雅罕见的绿牡丹。玄烨在康熙二十九年（1690年）写有一首咏牡丹诗《畅春园众花盛开，最为可观。惟绿牡丹清雅迥常，世所罕有。赋七言绝以记之》：

碧蕊青霞压众芳，
檀心逐朵韫真香。
花残又是一年事，
莫遣春光向日长。

皇太子允礽也曾随父皇在御园观赏牡丹花，吟成一首《绿牡丹》，写得绘形绘色，令人赞叹：

雕镂苍玉起楼台，
红紫丛中巧样裁。
碧叶承花花似叶，
绿图还有凤衔来。

玄烨即使南巡在千里之外，当牡丹花季还会惦念畅春园的牡丹。康熙四十八年（1709年）四月，玄烨在江南巡游时，便咏成一首《忆畅春园牡丹》：

晓雨疏疏薄洒，
午风习习轻吹。
忽念畅春花事，
正当万朵开时。

玄烨也经常率领大臣在园内观赏牡丹和芍药。高士奇写有《恭赋畅春园牡丹八首》，其中写道：“晕紫鞓红各一群，望中纠缦卷璃云。玉皇案畔香如海，未必仙官便得闻。荡烟霏雾簇千缯，洛水彭州见未曾。紫幄风轻光不定，春晴谁转百枝灯。”查慎行写有一首《畅春园芍药》：

万卉争春放，开迟剩此花。
雅禁初日照，浓被绿荫遮。
隔岸浮香雾，临池荡绮霞。
年年三月尾，病眼阅繁华。

畅春园后湖西岸有一个数亩大的葡萄园，培育了十个品种的葡萄。既有北京的伏地品种，也有冠以“哈密”从新疆引进的品种，其实是从吐鲁番移栽过来的。这个葡萄园是玄烨亲手培植经营的。他自叙道：“近得哈密各种葡萄，植于苑籞中。结实有白者，绿者，长如马乳者。又一种大葡萄中间有小者名‘公领孙’。又一种小者名琐琐葡萄。种类虽殊，食皆甘美。移植南方，便失本味。大约其性于北方沙石水土相宜。”这十种葡萄的名字是：伏地公领孙、伏地黑蒲桃、伏地玛瑙、哈密公领孙、哈密琐琐蒲桃、哈密绿蒲桃、哈密红蒲桃、哈密白蒲桃、哈密黑蒲桃、马乳蒲桃。玄烨移植新疆葡萄成功，非常得意，不但自己品味，还把十种葡萄赐予南书房的翰林们，并题一首五律《园中十种葡萄，味甚美，戏作近体一律，以示南书房诸臣》：“休夸大宛贵，莫讶汉宫传。十种标名异，千条带叶鲜。随班命内侍，分赐列忠贤。饱食和心胃，归鞍赋木天。”他在此诗中告诉翰林们，刚刚从上林苑果园采摘下来的葡萄带着枝叶，其味道鲜美自不是西域进贡可比的。不要笑汉代史书写葡萄从西域传来。眼前这种各色各异，全是移植栽种成功。南书房翰林可以饱食，写诗作赋颂扬移栽成功。翰林们没有辜负皇帝的恩典，纷纷写诗以示感恩戴德。查慎行《恩赐御园十种蒲桃恭纪》诗写道：

上林名果味芳鲜，
采摘均从雨露边。
色借紫青相照耀，
颗分大小各匀圆。
流来马乳香先噀，
酿出龙池品尽先。
便与樱桃同饱食，
纪恩难罄益州笺。

此诗的字里行间充满着对皇帝的感戴之情：上林苑的果子芳鲜好吃，它是雨露栽培的。紫色和青色互相照耀，大颗小颗的葡萄都很匀圆。马乳葡萄流出的白汁水好像马奶，香味先喷涌出来。出产于周穆王西游到过的龙池的鲜果，当然称得上是仙品了。我用益州笺写成这首小诗，也难写尽皇上的恩德。

畅春园中花种繁多，无处无花，百花争艳，芳香四溢。玄烨曾写过一首诗《（畅春）园中无处无花，触目皆是，故作此自嘲》："无花无酒亦氤氲，况有清香到处闻。万紫千红虽瞬息，古稀吟咏忘辛勤。"

畅春园中颇引人瞩目的是三道开满鲜花的堤坝。在前湖南部最靠近中宫的是丁香堤，居中的是兰芝堤，最西边也是最长的是桃花堤。春暖花开季节，一道道丁香林、玉兰林、桃花林相继鲜花怒放，将御苑装扮成鲜花的世界。走进西堤的桃花林，好像走进光艳的红霞之中，春天是属于桃花的。查慎行的《畅春园早桃》一诗，正是表达了这种感受:“记曾元夕醉香醪，冰雪千林吐自毫。今日重来云锦换，十分春色属山桃……浴日榑桑跃海东，满天晴色晓曈昽。仙山楼阁无重数,只在红霞一朵中。”当桃花飘落时节，闲步桃林，“夹岸数百步，中无杂树，芳草鲜美，落英缤纷”，则像步入了那座虚幻的“桃花源”，或可忘记这里是皇家的园囿。

在畅春园的西墙内，从无逸斋土山以北，直到位于园西北的大西门，约有上百亩田地，种植的不是奇花异卉，而是水稻和蔬菜。这不是一般的稻田，而是康熙帝的“试验田”，栽种的早御稻。玄烨写有一首七绝《早御稻》:“紫芒半顷绿阴阴，最爱先时御稻深。若使炎方多广布，可能两次见秧针。”据《康熙几暇格物编》记载：丰泽园中有水田数区，岁至九月始刈获登场。一日，玄烨巡行阡陌，时方六月下旬，谷穗方颖，忽见一科，高出众穗之上，实已坚好，因收藏其种。明岁六月时，此穗果先熟，从此生生不已。这就是玄烨亲自选种培育的新稻种，命名“御稻米”。其稻芒呈淡紫色，米谷微红而粒长，气香而味腴，能一年两熟。玄烨

清代焦秉贞绘《康熙南巡图》

曾将御稻种交给江浙督抚和织造，降谕试种；也曾在承德避暑山庄种植。玄烨的试种御稻成功，结束了长城以北几千年不种水稻的历史。畅春园的稻田也是栽种的御稻米。康熙三十九年(1700年)七月，玄烨来察看御园西部的稻田，吟出一首七绝《畅春园观稻，时七月十一日也》：

七月紫芒五里香，
近园遗种祝祯祥。
炎方塞北皆称瑞，
稼穑天工岁乐穰。

玄烨关心园内水稻的生长情况，也对园外的御稻田时刻惦念。康熙年间，玉泉山下的御稻发展到600亩，再加上六郎庄、万泉庄、黑龙潭、高梁桥以及石景山、南苑等地，共有近万亩。康熙五十三年(1714年)，内务府奉宸苑在青龙桥设立了“稻田厂”，是专门管理皇家稻田的机关。稻田厂有廨宇六十四楹，既是官署，又有仓库和碾房。这为京西稻田的大发展创造了条件。

畅春园内的植物花木配置，大方得体，使这座皇家园囿真正建成为一座花团锦簇的百花园。高士奇多次身临其境，感触颇深。

他在《蓬山密记》一书中，记载了康熙四十二年（1703年）三月，被召入园，“遍观园中诸景”的真实情况。他写道：“随至渊鉴斋……又至斋后，上指示所种玉兰蜡梅，岁岁盛开。时绿竹两丛，猗猗青翠，牡丹异种开满阑栏间，国色天香人世罕睹。左长轩一带碧棂玉砌，掩映名花……随上登舟，命臣士奇坐于鹢首，缓棹而进。自左岸历绛桃堤、丁香堤，绛桃时已花谢，白丁香初开，琼琳瑶蕊，一望参差。黄刺梅含笑映日，繁艳无比……蕊珠楼下，牡丹益佳，玉兰高茂。上曰：闻今岁花开极繁。登舟沿西岸行，葡萄架连数亩，有黑、白、紫、绿及公领孙、巢么诸种，皆自哈密来……少顷至东岸，上命内侍引臣步入山岭，皆种塞北所移山枫、娑罗树，其中可以引牵，可以布帆。隔岸即万树红霞处，桃花万树今已成林。上坐待于天馥斋，斋前皆植蜡梅。梅花冬不畏寒，开花如南土……谕令且退，数日后再命尔来观。”

修建畅春园的工匠和造园艺术家

修建畅春园的总体规划设计指导思想，当然是由它的主人康熙皇帝玄烨来做出。它既不能完全脱离清华园、肃王园的原有基础，又要建成一座新型的以体现皇帝休闲避暑、颐养慈颜、劭农观稼、勤政、敕几的离宫式御园。畅春园的总体格局是由玄烨决定的，但具体的宫殿、亭轩台榭的设计建造，叠山理水、架桥修路、栽花植树等，还是要由造园高手、建筑行家、能工巧匠来一一实施，完成各类工程，建设成一座高水平的皇家园林。

雷发达、雷金玉父子

谈到宫殿园林建设，首先必须提起样式雷。样式雷是服务于清廷内务府样式房的七代雷氏传人的美称。样式房是专门负责皇家宫殿、园林、衙署、陵寝建筑的设计和监督施工机构，其头目人称“掌案”。整个清代的样式房掌案大多由几代雷氏传人充任。修建畅春园时，正是样式雷第一代雷发达和第二代雷金玉生活的时代。

雷发达父子在康熙二十二年（1683 年）冬，应皇家修建宫殿园林之召，从江宁奔赴北京，并投充包衣旗籍，在海淀镇槐树街安家落户。这时，内务府营造司正从包衣上三旗抽调工匠，营建海淀西北的新御苑，雷发达父子便被召进建园工匠队伍。他们是畅春园的第一批建设者。

雷发达肯定参加了御园的修建工程，但迄今未发现有关的文字记载。对雷金玉修建御园的事迹，却是具体而确凿。在海淀区四季青镇巨山村雷氏祖茔有一座雷金玉墓，是第五代传人雷景修在同治四年（1865 年）重修雷氏祖茔时，为其曾祖雷金玉修建的一座衣冠冢。墓冢前石围屏旁竖起一通“雷金玉墓碑”，阳面碑文记载“恭遇康熙年间修建海淀园庭工程，我曾祖考领楠木作工程。因正殿上梁，得蒙皇恩召见奏对，钦蒙赐内务府总理钦工处掌□（“□”处应为掌“案”或掌“班”），赏七品官，食七品俸”。另外，在《雷氏族谱——雷氏重修迁居金陵复迁北京世录》中，“雷金玉”条记载：“钦赐内务府七品官，食七品俸。”第六代传人雷思起《精选择善而从》也记载：“又蒙皇恩钦赐内务府七品职衔。赐圆明园之工程处各作之掌班爵，办理楠木作事务。”由这些记载可知，雷金玉从康熙二十三年（1684 年）就参加了畅春园的修建工程，主要负责楠木作事务。他在正殿九经三事殿上梁工程中的优异表现，被禀报康熙皇帝。皇上亲自召见他，听了他关于建筑施工的奏对，非常满意，倍加赞赏，钦赐“内务府总理钦工处掌班”，并赏给七品官爵，食七品俸禄。在修建畅春园的工程中，他又担负起指挥的任务，为御园修建做出巨大贡献。以后雷金玉在雍正年间修建圆明园的工程中，继续充任样式房掌案，设计制作殿堂和园庭的修建方案，绘制画样和烫样，指导施工，受到雍正帝特殊褒奖，命皇子弘历（即后来的乾隆皇帝）亲笔书写“古稀”二字，赐予年满 70 岁的雷金玉。

雷金玉墓碑

张涟、张然父子

参与畅春园修建工程的，还有清代初期杰出的园林艺术家张涟、张然父子。张涟，字南垣，江南华亭人，后迁居嘉兴。康熙年间著名历史学家戴名世为张涟撰写了一篇传记《张翁家传》，文中写道:“君性好佳山水，每遇名胜，则徘徊不忍去。少时学画，为倪云林、黄子久笔法，四方争以金币来购。君治园林有巧思，一石一树，一亭一沼，经君指画，即成奇趣，虽在尘嚣中，如入岩谷。诸公贵人皆延公为上客。东南名园大抵翁所构也。”张涟首先是一位画家，将山水画之“理”和“意”垒石为假山，运用造园艺术，成为叠山造园名家。明末清初东南一带的著名园林，如松江李逢甲横云山庄、嘉兴吴昌时竹亭湖墅、朱时茂鹤洲草堂、太仓王时敏乐郊园、常熟钱谦益拂水山庄等，多出自张涟之手。

张涟晚年，主要在北京活动，参与了很多王公宅园和皇家园林的修建。正如戴名世所写：“益都冯相国构万柳堂于京师，遣使迎翁至，为之经画，遂擅燕山之胜。自是诸王公园林，皆成翁手。会有修葺瀛台之役，召翁治之，屡加宠赉。”位于广渠门内的大学士冯溥万柳堂，是张涟在北京建造的第一座园林，建成于康熙十七年(1678年)前后。两年以后，张涟参与西苑南海瀛台的修葺，主要项目是在湖边堆叠奇石、修建流杯亭等。这座假山古亭一直保留到今天，成为北京唯一幸存的张涟作品。

张涟以垂老之年，参与了畅春园的修建工程。戴名世写道:“畅春园之役，复召翁至，以年老赐肩舆出入，人皆荣之。事竣，复告归，卒于家。”这则记载说明，张涟参与了畅春园修建的全过程，一直到事竣完工才告老还乡。但那时他已 90 多岁，年老体衰，行动不便，皇上特赐肩舆，准许他乘轿出入御园。这也足见玄烨对张涟的重视，对他高超的叠石造园艺术的赏识和推崇。

其实，张涟只是出些主意，遇事点拨，施工建设全由他的次子、著名造园艺术家张然亲自动手。张然，字铨侯，号陶庵。陆燕喆《张陶庵传》说，张涟父子早年修建一座宅园时，“南垣治其高而大者，陶庵治其卑而小者”，密切配合，分工协作。后来张涟更赖张然侍奉杖履，阮葵生《茶余客话》引某人嘲张涟父子诗，有“荷杖有儿扶薄醉”之语。

张涟去世后，张然继续服务于内务府，前后近 30 年，并且子孙“世业百余年未替”，人称“山石张”“山子张”。顾图河在《雄雉斋选集》中写道，“云间张铨侯工于叠石，畅春园假山皆出其手”，讲出了历史的真相。顾氏有赠予张然的四首七绝，对这位造园艺术家的不凡风采给予了热情的赞颂：

熟读柳州山水记，
才能幻出此峰峦。
旁人指点夸皴法，
犹作寻常画手看。

马鞍山骨最玲珑，
十仞摩天一线通。
想到神工施手处，

将无巧思与君同。

巉岩合是文章骨，
瘦劲还同翰墨姿。
大抵才人皆酷爱，
米颠一揖未为奇。

芭蕉叶拥碧江幢，
正对疏明六扇窗。
苔藓满身偏作势，
怒猊吻渴饮秋江。

叶洮

在内务府任职供奉并参与修建畅春园的，还有当时首屈一指的造园艺术家叶洮。叶洮，字秦川，又字金城，江南青浦人。其父叶有年是明末著名画家和叠山造园艺术家。《上海县志》载："叶有年字君山，嗜画山水，足迹半天下，得名山大川之助。肃藩闻其名，礼聘至秦，有年为绘图筑苑，名胜甲于八郡。"明肃王朱识鋐在崇祯年间将叶有年礼聘到其兰州藩邸，请他作画，并按图构园，叠山理水，穷极胜概。崇祯九年（1636 年），叶洮生于兰州，为古秦地。甘肃有洮水，兰州市西北在西汉时设置金城县，这就是叶洮名字的由来，是为了纪念出生于甘肃之地。崇祯十六年（1643 年）冬天，肃王为李自成起义军俘获，叶有年携眷长途跋涉，两年后才返回青浦老家，此时已是清代顺治元年（1644 年）了。

叶洮有位与之同岁的青浦同乡钱金甫（字越江），既是画家又是诗人，康熙十八年（1679 年）进士，改庶吉士，授翰林院编修，再迁侍讲学士。叶洮于康熙二十三年（1684 年）进京，钱氏延为上客，在京城有八年的交谊，终日相对，情投意合。叶洮在几年后返回故乡时，钱越江在《送叶秦川南归》诗中写道："燕台并辔看花骑，江渚连床下水船。踪迹八年形共影，忍教独客向南天。"青浦人潘肇振在《送叶秦川入都兼怀钱太史越江》一诗中，对叶洮的造园艺术作了生动的描绘：

秦川丹青本天授，
风华盛事成箕裘。
闲来林塘缀小景，
有时巨幅千峰稠。
胸中岩壑不知几，
意气直欲拱九州。
忆昔轻装游帝里，
京华故旧垂青眸。
盛名直达天子听，
烟驱墨染风云浮。
上林长杨饶气色，
至尊含笑黄金投。
……

叶洮作为著名的造园叠山艺术家，被多家朝廷重臣和王公贵戚礼聘修造园林。其中最著名的便是在畅春园西侧为大学士明珠修建的自怡园和为康熙帝的岳父兼亲家佟国维在畅春园东侧建造的佟氏园。明珠次子揆叙曾写道："云间叶洮为余家筑园。"自怡园内最突出的景物是"累石崚嶒犹旧物，种桃夭袅又新枝"，即假山的堆砌和花木的配置。皇亲国戚佟国维紧邻御苑修建宅园，园已建成，但不很称心，便请叶洮重加改造。钱越江在《佟氏园记》中概述了这一史实：佟氏园"先是有亭有屋，有树木墙垣，规模略具，而一望平衍，无曲折之致。公乃延松江叶生授以意指，重加整顿，益置屋三十余间，亭子四，土山十余所，树数百株，桥梁三，堤一，水廊二，假石为峰峦凡数处，此园乃廓然成大观矣"。

叶洮在康熙二十七年（1688 年）供奉内廷，康熙帝召见，叶洮遵旨绘制畅春园图。但这一史实被歪曲记载，说是叶洮奉命绘制设计图，并监造畅春园。最早出现错误记载的是张庚《国朝画征录》。此书于雍正十三年（1735 年）成书，书中写道："叶洮字金城，青浦人，其先新安籍也。善山水喜作大斧劈。康熙中祗候内廷，诏作畅春园图本，图成称旨，即命监造。既成，以病赐金乘传归。寻复召入，以劳复卒于途。"此后，冯金伯《国朝画识》、李桓《国朝耆献类征初编》以及乾隆和光绪年间的《青浦县志》等书，都沿袭"叶洮绘图并监造畅春园"的错误记述。

事实是畅春园为张涟、张然父子绘图设计并监造，于康熙二十六年（1687 年）建成。张然以年老请求休致，获赐金驰驿南归，康熙二十八年（1689 年）卒于家。叶洮是在张然离去后接替他的工作的，他在康熙二十七年（1688 年）才奉诏绘图。他所绘制的是建成后的畅春园景观的表现图，而不是建园规划设计图。

根据历史资料可以断定，叶洮供奉内廷的时间是在康熙二十七年（1688 年）以后。叶洮供奉内廷时，于康熙三十年（1691 年）请旨南归，获得皇帝诏准。三十一年（1692 年）又应诏北上，因劳累过度病逝于旅途中的涿县。对此，有多种史料予以证明。只要知道叶洮供奉内廷的年数，便可知他从何时起到内务府供职了。《国朝松江诗钞》卷三十四，载有叶洮友人陈坦写的《哭叶琴川》诗二首，其二写道："半生浪迹依长铗，三载承恩近九重。北望旅魂招不得，涿州城下草蒙茸。"此诗足以证明，叶洮在皇上身边供职"三载"，从他请归的康熙三十年（1691 年）逆推三年，也就是说，康熙二十七年（1688 年）即是叶洮被召入内务府供职畅春园的时间。

叶洮是以当时最负盛名的造园叠山艺术家的身份进入御园的。他的差务，是接手张然的工作，负责畅春园建成使用后的整修和增建工程，包括监造新工程的设计和修建。关于此一时期叶洮的工作和生活状况，史籍也有一些珍贵的记载。《国朝松江诗钞》有载："秦川则奉命绘畅春园图称旨，屡奉宸游，荷赐金绮。"钱越江在《送叶秦川南归》诗中写道："宸游到处奉恩辉，辞阙仍携文绮归。偏是山人甘野服，还家似制芰荷衣。""上苑风光属畅春，亭台林麓画难真。世间欲识仙家事，须问曾游蓬岛人。"叶洮的好友王时鸿，曾在康熙三十二年（1693 年）亲赴涿州奔丧，料理叶洮灵柩南归的事务。他当时写有《夜次涿鹿吊故友叶秦川》，诗载《江苏诗征》卷四十九："点染灵台水与丘，山农日日奉宸游。布衣存殁君恩渥，何事浮生感去留。"诗前有序："秦川以丹青名京师，儒冠野服与王公大人游。今天子召见畅春园，自称山农，因命点染上林，甚称旨。明年假归，昨岁应召北上，夏五月次涿鹿，病疽道卒。友人鹿苍霖、钱鹤来经纪其丧于涿之城南僧舍。事闻，上悯然，敕南邦织造使资其丧归，仍赐葬金四十两，命有司恤其家。"

这些资料为我们勾画了叶洮在畅春园的供职状况，及其丧事处理的经过。康熙帝对叶洮的工作非常满意，经常赏赐银两和绸缎，降诏奉宸游园。叶洮应召奏对时曾自称"山农"。钱越江也曾在诗中写过"终朝相坐对山农"之句，诗注称"山农，秦川奏至尊时自称也"。可见，"山农"并非叶洮平日之通用名，而是在皇帝面前的自称。"山农"虽有普通平民百姓的含义，是一种谦称，但它又是叠山种树即造园艺术家的代称。正如"山子张"和《红楼梦》中的"山子野"一样。叶洮离开御园南归以后，康熙帝仍然想让他继续修造和经营畅春园的山水花木，便又召赴京城。皇上闻知叶洮命丧旅途的消息，为之"悯然"，敕谕当时身为江宁织造的曹寅出资，安排叶洮的丧葬事宜，还赏赐白银 40 两，抚恤其江南眷属，对去世的叶洮关怀备至。

叶洮在江南安葬十几年后，自怡园主人揆叙曾前往青浦凭吊，咏出《云间悼叶秦川二绝句》，道出了人们对这位杰出的造园艺术家的无限怀念之情：

曾共郊园把酒卮，
湖山胜处约追随。
五茸春草幽寻遍，
不见当年老画师。

夜台沦落旧丹青，
邻笛声残不忍听。
千载鹤归知有日，
未妨华表是华亭。

建筑景观概貌

畅春园是一座大型的皇家园林，其建筑风格自然有其钜丽堂皇的皇家气象，但也不乏纯朴淡雅的色彩。玄烨还是很强调俭朴节约原则的，他在《畅春园记》中明确表达了“永惟俭德，捐泰去雕”的意愿，说“松轩茅殿，实惟予宜；亦有朴斲，予尚念兹”。一位亲临御园的官吏说：畅春园“垣高不及丈，苑内绿色低迷，红英烂漫。土阜平坨，不尚奇峰怪石也。轩楹素雅，不事藻绘雕工也”。

在经常出入畅春园的外国人眼里，与西方极度豪华的皇家宫殿相比，此园更显得朴实简陋。玄烨的外籍教师、法国传教士白晋，对畅春园极为熟悉。他在《康熙帝传》中写道：“康熙皇帝曾经派人在北京郊外二法里处造了一座他很喜爱的苑囿，每年要在那里度过相当一段时间。里面除了他命人开凿的两个大水池和几条河道外，再也没有什么使人感到与一个既富有又强盛的君主所应有的豪华气派相称的东西了。那里的一切确实非常洁净。它的建筑，它的庭园，它的布置，比起巴黎郊区一些王侯爵爷的别墅来，要逊色得多。”

当然，畅春园毕竟是京郊规模最大、建筑最宏伟的第一座皇家园林，其建筑景观的气派和风格给人留下了深刻的印象。

宫门和围墙

《日下旧闻考》载：“畅春园在南海淀大河庄之北，缭垣一千六百丈有奇。”大河庄与南园墙之间，有一条从海淀村通往牛栏庄的大道。海淀村位于畅春园的东南方。海淀村北缘的清梵寺，正好位于园东墙的南端。东墙外有在米万钟勺园旧基上修建的郑亲王的宏雅园和佟国维的宅园；园北墙外隔河与皇九子允禟的彩霞园和挂甲屯为邻。园西北角有一座敕建藏传佛教的永宁寺。园西为畅春园附园西花园和马厂，再往西便是明珠相国园自怡园。

园西南角有一座双桥寺，因寺前两座不同方向的平板石桥而得名，是建于明万历年间的“赐建护国保安关帝庙”。此庙的西路殿堂为廷臣上朝而租住的“庙寓”。

畅春园大宫门五楹，坐北朝南，正中悬康熙御书“畅春园”匾额。小河环绕宫门,东西两旁为角门,角门外为两座东西随墙门。大宫门前东西朝房各五楹。

畅春园东园墙中部偏北有一座大东门；再往北有小东门，是南书房的翰林们上朝时出入的门。到雍正和乾隆时期，又在小东门以北修建恩佑寺和恩慕寺，在园墙上修建两座庙门，也可以进

《万寿盛典初集》中的畅春园大宫门

入园内。

北园墙开辟了出水闸的闸口门，还有西北角的铁门和北板门。

西园墙则开辟有大西门、小西门和西南门。

这座御园四周围墙先后共开辟了 16 个门。如今只有恩佑寺、恩慕寺两座山门还孤零零地残留在原地，人们还能据此辨认出昔日京西首座御园的坐落位置。

2004 年春，在修建北四环路工程中，发现了畅春园大宫门遗址。北京市文物研究所进行了大规模的考古勘探和发掘，并公布了《发掘简报》，使我们得以了解这座三百多年前的古建筑的真实原貌。

畅春园大宫门建筑遗址，位于海淀镇西上坡以西，现存中部的大宫门遗址、两侧的朝房基址和西面的一段院墙基址。由于近现代地面设施的破坏，这些建筑遗迹基址仅部分保存下来。受到当时地形的限制，这座建筑群的方位略偏向东南，每一单体建筑的基础做法也不尽相同。

畅春园大宫门建筑遗址，居于正中，面阔 5 间。东西长约 17 米，北半部残毁，南部墙基上有 6 个砖砌磉礅，两侧与院墙相接。磉礅平面方形，边长为 1 米，现仅剩底部一层的砖痕。东西两山墙宽 0.9 米，厚 0.7 米，此面距现地表 0.6 米。三合土基础下设有地钉，地钉直径为 0.1~0.11 米。院墙宽 1.6 米，厚 0.7 米，距现地表 0.7 米，向东、向西延伸。

大宫门南侧 6.3 米处，对称分布二个砖礅，东西相距 16.2 米，规格相同，平面均呈长方形，南北长 2.7 米，东西宽 2.1 米。西侧的一个砖礅现存高度1. 35米,其下面基础石条及砖下设有地钉，这两个砖礅应是大宫门前兽座。

东西朝房长17.1米，宽8.1米，面阔5间。东西朝房相距8.4米，院面距现地表1.1~1.2米。东朝房仅存三合土基础及东西墙基上砖砌磉礅痕迹各6个，磉礅长宽均为0.75米，三合土基础宽1.8~2.0米，厚0.75米，其下设地钉。由墙基痕迹可知南北山墙宽0.95米，东西墙基宽1.1米。西朝房保存状况较好，南北山墙基础砖砌，东西墙基由砾石垒就，东墙基残高0.9米。东西墙基长宽及砖砌磉礅规格都与东朝房相同，正中踏步基础也基本完整，该建筑下部有地钉和三合土。

在大宫门南墙基与门前二砖砌兽座间，有一东西向甬路，两端延伸，宽约1.25米。

中路建筑景观

九经三事殿

进大宫门，庭院正北即畅春园之正殿九经三事殿，面阔五间，这是园内最为高大雄伟的单层殿堂。正面悬康熙御书匾额，殿内有御题联语："皇建有极，敛时敷锡，而康而色；乾元下济，亏盈益谦，勉始勉终。”关于殿名的来历，九经，指的是九部儒家经典，包括“三礼”（《周礼》《仪礼》《礼记》）、“三传”（《左传》《公羊传》《谷梁传》）、“三经”（《易经》《书经》《诗经》）；三事，一说指汉代的司徒、司空、司寇，另一说出自《尚书·立政》“立政：任人，准夫、牧，作三事”。用“九经三事”作殿名，表示这里是循经守礼、治国理政的地方。

玄烨在康熙二十六年（1687 年）第一次驻跸畅春园，在九天内三次“上御畅春园内门”，即在九经三事殿内外上朝理政。如补授曹禾为祭酒一事。二月二十五日上朝时，大学士觉罗勒德洪和明珠等奏请补翁叔元升任员缺，开列庶子曹禾等。玄烨传谕：“此祭酒员缺，著将应升之人问明九卿具奏。”二十八日上朝时，明珠等上奏：“臣等遵旨传问九卿，据九卿云：曹禾颇优。”康熙帝遂降旨：“曹禾著补授祭酒。”这项人事任命便决定了。

康熙帝还几次于上元节在九经三事殿举行盛大宴会，宴请蒙古王公和朝廷大臣，为增进民族团结做细致的工作。如《康熙起居注》记录了康熙五十五年（1716 年）上元节宴会：“十四日乙巳，午时，上御畅春园内九经三事，以上元节赐朝正外藩蒙古诸王，左翼科尔沁和硕达尔汗亲王，和硕额驸罗普藏滚布，巴林多罗郡王、固伦额驸乌尔衮，科尔沁多罗郡王伊西班第，翁牛特多罗郡王、和硕额驸仓津，奈曼多罗都楞郡王垂忠……（按：共 27 人列名）等，及内大臣、侍卫、大学士等宴。诸乐并作，上进酒。左翼科尔沁和硕达尔汗亲王，和硕额驸罗普藏滚布，右翼科尔沁和硕亲王巴特马等近御座前，上亲赐饮。其余贝勒、贝子、公、额驸、台吉等，俱令侍卫于座次分觞授饮。宴毕，众谢恩，上回宫。”

雍正年间，孝敬宪皇后之灵柩即在九经三事殿安奉，丧仪在此办理。

到乾隆年间，弘历将畅春园作为奉养生母孝圣皇太后的御苑。乾隆三十六年（1771 年），皇太后八旬万寿崇上徽号，在九经三事殿进奉奏书。当天早晨，鸿胪寺在九经三事殿内正中，设置一条黄案。大学士奉奏书从圆明园来到畅春园，内阁学士和礼部堂官前引至正殿内，将奏书陈于黄案上。礼部堂官转传内监总管恭奉奏书诣皇太后宫陈设。届时皇上穿龙袍衮服，到畅春园请皇太后安，恭进奏书。宣布礼成。

皇太后于乾隆四十二年（1777 年）正月病逝，九经三事殿又成为停灵的殿堂。弘历降旨：“朕恭奉圣母皇太后颐和养志四十余年于畅春园，神御所安最为怡适。是用易盖黄瓦，敬设几筵，奉移成礼，所谓礼缘义起，行乎心之所安也。”太后病逝，弘历当即剪发，穿白绸孝服，痛摧肺腑，住在倚庐无逸斋，不思茶饭。在四月十八日，将皇太后梓宫从畅春园恭奉移至清西陵泰东陵。

崇庆皇太后朝服像

春晖堂和寿萱春永殿

在九经三事殿北边，穿过五楹二宫门，庭院正殿为春晖堂，面阔五楹，楹联为乾隆御书，东西配殿各五楹。正殿后为垂花门，门内第三进院正殿五楹，为寿萱春永殿，楹联为："璇阁香清，露华滋蕙畹；萱阶昼永，云锦蔚荷裳。"联额皆乾隆御书。左右配殿各五楹，东西耳殿各三楹，后罩殿十五楹；西耳殿内额为"松鹤延年"。

关于春晖堂和寿萱春永殿这两座殿堂的名称问题，在康熙帝的诗文和有关著作中从未见到过，而康熙年间太后寝殿的名称叫"澹泊为德行宫"。玄烨在畅春园驻跸时，曾多次到此宫向孝惠皇太后请安，这在《康熙起居注》中有明确的记载。弘历在乾隆二年（1737年）为其生母皇太后钮祜禄氏修缮畅春园时，为九经三事殿后边的太后寝殿赐予新名。在《内务府造办处各作承做活计清档》中，有一件乾隆二年（1737年）二月十一日"油漆作"档案记载："首领夏安来说，宫殿监督领侍卫苏培盛交御笔'春晖堂'绢字一张，'寿萱春永'绢字一张。传旨著作匾二面。钦此。"在同年九月二十五日，弘历还亲自审阅了七品首领萨木哈呈上的四张匾样设计，并对制匾的样式、颜色和材质都做了明确具体的规定。十二月初十日，催总张四将油漆作制作完成的黑漆底、铜铸金字"春晖堂"匾一面，紫檀木边、柏木心、石青字"寿萱春永"匾一面，悬挂在畅春园皇太后寝殿的两座殿堂门额。据此，我推测，弘历重新命名的皇太后寝殿春晖堂，很可能就是康熙年间的孝惠章皇太后的寝殿“澹泊为德行宫”。

康熙和乾隆年间，二进院和三进院为皇太后居住。春晖，源于唐代孟郊《游子吟》诗，“谁言寸草心，报得三春晖”，借指母爱和母亲的恩德。萱，指萱堂，母亲的借称，殿名含母亲长寿之意。此二殿名，说明此为皇太后居住的殿堂。

畅春园刚建成时，不仅玄烨的第二个嫡母孝惠章皇后博尔济吉特氏被奉养于畅春园，连玄烨的祖母孝庄文皇后博尔济吉特氏也居住此园。雍正《畿辅通志》记载：“……赐名畅春园，时奉孝庄文皇后、孝惠章皇后宴憩于此。”乾隆年间编纂的《清通志》卷三十三《都邑略》也记载：“……赐名畅春园，时奉孝庄文皇后、孝惠章皇后憩焉。”还说：“九经三事殿后为春晖堂，其后为寝殿，曰寿萱春永。”

玄烨的嫡母和祖母同住畅春园，但祖母孝庄文皇太后在此居住不到一年时间，即于康熙二十六年（1687 年）十二月二十五日去世。嫡母孝惠章皇后即住在寿萱春永殿。

玄烨嫡母孝惠章皇后是孝庄文皇后的亲侄女，在 21 岁时顺治帝去世。玄烨生母孝康章皇后佟氏，在康熙二年（1663 年）她 24 岁时病逝。孝惠章皇后尽到母亲的责任，对玄烨极为关心和爱护。因而玄烨对她十分尊重，平常时节向孝庄太皇太后问安之后，即赴皇太后宫问安。逢到节令生辰，率诸王贝勒文武百官向太皇太后行礼之后，又一起向她行礼。康熙三十九年（1700 年），孝惠章皇后六十万寿，玄烨亲制《万寿无疆赋》，并献上佛像、羽缎、珠宝、名画、金银等珍贵寿礼，还特意令寿膳房数出一万粒米，精心做成“万国玉粒饭”和名贵菜肴及果品献上。在畅春园，玄烨也常请皇太后乘船赏景，登楼观花，极尽孝道。康熙五十五年（1716 年）三月，满园桃杏、玉兰、梅花齐放，其中玉兰茂盛可观，玄烨特请皇太后赏花，并献上一首七言律诗：

玉花万朵祝慈颜，
藉奉欢心半日闲。
闰月春迟添岁永，
香枝风送待日还。
膝前五代承王母，
陛下千秋献寿山。
乍晓铜龙迎凤辇，
霜容天下睹仙鬟。

康熙六十一年（1722 年）三月十八日，是玄烨 69 岁生日。在此前后的万寿节庆祝活动中，皇太后受到特殊的优遇。三月二十八日这天，皇太后和皇上在畅春园赐宴八旗年老妇人。届时，礼部等衙门引八旗满洲、蒙古、汉军 70 岁以上年老妇人，至畅春园皇太后宫门前东西向列坐。先把 90 岁以上者召至宫内，凡大臣之妻年不及 90，也酌量召至宫内赐座。皇太后和皇上亲视赐宴，分颁果饵食席。80 岁以上者，丹墀下列坐；70 岁以上者，宫门外列坐。诸皇子率诸皇孙及宗室子弟分视赐宴，颁给果饵食席。

宴会结束，赐召至宫内年老妇人丰貂、文绮、素珠、银两等。这天八旗官员之妻进宫内赐宴者共 56 人，其中 90 岁以上者 6 人，

80 岁以上者 11 人。向这些人赐袍褂、缎匹、素珠等物。这天，八旗披甲闲散之妻共 28 人，其中镶白旗满洲于二之妻富氏，年 103 岁，赐银 30 两、素珠 1 盘、宫纱手巾 1 条。对 90 岁以上者，各赐银 20 两及素珠、寿杖等物。对那些应到而未与宴者，共 31 人，则各领半赏银 10 两。对 80 岁以上和 70 岁以上的与宴者，分别赐银 15 两、10 两。

到乾隆年间，弘历的生母孝圣宪皇太后钮祜禄氏，从乾隆四年（1739 年）就住进了寿萱春永殿。弘历在诗注中写道："寿萱春永，皇太后所居园中寝殿也。"他在乾隆二十四年（1759 年）有《诣畅春园恭问皇太后安》诗："平明传驿凤城垣，问寝钦先诣寿萱。数日兴居悬紫禁，高手颐养喜仙园。便临御苑消清暇，依旧明窗坐宴温。砚匣琉璃宁虑冻，每当触兴亦形言。"弘历经常从圆明园到畅春园向皇太后请安，也常接她到圆明园去游乐赏景，直到皇太后在乾隆四十二年（1777 年）去世。

瑞景轩和延爽楼

在寿萱春永殿十五楹后照殿北边，有三楹倒座殿，为嘉荫殿，两角门中为积芳亭，正宇为云涯馆。馆后渡桥，循山而北，有河池，南北立两座牌坊，一为玉涧，一为金流，门内为瑞景轩，轩后为林香山翠。又后为延爽楼，三层九楹。楼后河上为鸢飞鱼跃亭，稍南为观莲所。楼左为式古斋，斋后为绮榭。

瑞景轩和延爽楼位于中宫的北边，只隔两道清溪夹一道土山，正是前湖的东南部。瑞景轩前是一座著名的牡丹园，姚黄魏紫与各色芍药争奇斗艳，那珍贵罕见的绿牡丹更是引人注目，宫人争相观赏。康熙三十四年（1695 年）四月二日，玄烨将近臣陈廷敬、张英等人召至瑞景轩赐茶赐食，观赏牡丹并泛舟赏景，张英咏成纪恩组诗《乙亥四月二日蒙召赐宴畅春园，盖特旨也，漫成四首》：

深宵剥啄启衡门，
凤旨来宣荷异恩。
明日马蹄侵晓出，
琪花丛里到仙源。

苑树新成荫碧条，
水边同上木兰桡。
纡回山径过双柳，
红紫花围白板桥。

斯游何异泛仙槎，
瑞景轩南聚物华。
魏紫姚黄都看遍，
御栏千种洛阳花。

远砌斜倾赤玉盘，
轻阴更带露华洿。
侍臣不管雕栏隔，

争看中央绿牡丹。

陈廷敬也写了《四月二日召赴畅春园，赐食瑞景轩，泛舟于苑中二首》，其二为：

银汉蓬池水接连，
太清宫殿渺云烟。
不因侍帝来天上，
几见随槎到日边。
宝笈图书编舜历，
金瓯歌纪颂尧年。
只应尽却浮尘念，
检点仙官未了缘。

延爽楼修建在前湖南岸一列小土山的南边，是在清华园挹海堂的一座旧楼的基础上修筑的。横楼面阔九楹，叠架三层，是畅春园内最为高大宏伟的建筑。登楼四望，视野开阔，不仅南北池荷、碧树丹花一览无余，就是园外的丹棱白莲和玉峰塔影也尽收眼底。

闲邪存诚和韵松轩

闲邪存诚与中宫仅一墙之隔。春晖堂之西，出如意门，往北行，渡过小桥，土地平旷，三面环水，北边是两道南北纵向逶迤延伸的假山。平地建起一座闲邪存诚殿。在两山之间北行，山环里建一座韵松轩。轩北和轩西即是一片水域——宫西小湖。

闲邪存诚有康熙御书匾额，是皇太后博尔济吉特氏的寝宫之一。

《康熙起居注》载：康熙五十五年（1716 年）正月十四日，玄烨在九经三事殿宴请蒙古王公和朝廷大臣后回宫。“是日，上于闲邪存诚问皇太后安”。

雍正二年（1724 年），弘历曾在闲邪存诚殿读书。乾隆四年（1739 年），此殿被焚毁，重新建成后，更名“玩芳斋”，有乾隆御书匾额。

韵松轩为康熙皇子们的书斋，悬额为康熙御书。张英在以“韵松轩”为题的诗中，有“龙御紫庭朝听政，凤栖阿阁旧摊书”之句，句后有注“轩乃诸皇子读书之处”。后来，皇子书斋迁往无逸斋，康熙帝有时在此轩召近臣欢聚，赐食赐花，游赏园景。康熙三十四年（1695 年）六月二十日，张廷瓒等奉召至畅春园，赐食于韵松轩，后又赐宴，并赐书扇和红白千叶莲一瓶。张廷瓒写有组诗，记载此次恩遇：“金貂宣召入离宫，阊阖门开禁苑东。转过圣人勤政地，黄罗高覆御床中。”“宛转回廊启细旃，新晴云影落窗前。香生玉粟流匙滑，尚膳先颁玳瑁筵。”“天酒光浮白玉杯，枇杷金裹伴杨梅。更余菱实清芬甚，新采莲房出水来。”“风穿怀袖荔枝香，珍果携归自尚方。未敢先尝留共看，水晶珠映绛纱囊。”“暮山烟敛夕阳红，返辔平畴受好风。回望觚棱浮树杪，此身来自五云中。”

同年六月二十六日，陈廷敬、高士奇、王鸿绪、张英、张廷瓒等九人，又被召至韵松轩赐宴，并赐名酒、时果、鲜花等。刚从福建新运到的鲜荔枝，也分给诸臣品尝，还可以带走给家人吃。王鸿绪也写有组诗，其记述韵松轩赐宴的二首如下：

晓日曈昽入园门，
垂杨深处颂皇恩。
忽传联珮游琼岛，
重荷调兰到鼎飧。
花覆锦茵摇水榭，
莺窥珠扆语风轩。
尝羹不觉移砖影，
坐爱层霄万景暄。

琼轩髹几更张筵，
晴对芳湖玩绮莲。
香扇尧厨蒲萐日，
荣浮汉谳柏宴年。
细斟嫩碧松醪美，
分擘轻红荔子鲜。
饱饫佳珍歌既醉，
浑忘身在五云边。

康熙三十五年（1696 年）清秋，张英在韵松轩侍直，写有《丙子秋日直畅春园韵松轩即事……四首》，其中写道：“水云佳地敞宸居，日日明簪此曳裾。龙御紫庭朝听政，凤栖阿阁旧摊书。传餐中使过瑶岛，涤砚凉波行石渠。久傍星辰高处立，卷帘常怯对清虚。”励杜讷也有一首《韵松轩即事》诗，将此处风光描绘得真实而生动：“一过红桥便有亭，胜于蓬岛隔沧溟。当阶十亩翻红药，入望千峰拥翠屏。文鳞纵壑任逍遥，鹤唳清音彻绛霄。俯仰濠梁聊自适，荷风微度过香飘。”

东路建筑景观

澹宁居

澹宁居位于畅春园的东南角，宫东小湖与东园墙之间。从中宫北部的云涯馆东南角门外转北，过板桥即剑山。由山东过清远亭沿堤而南，河上筑南北垣一道，中间有门，西向，叫广梁门。门内即澹宁居。

澹宁居坐北朝南，“只三楹，不施丹雘”，匾额康熙御书。前殿为康熙帝御门听政、选馆、引见之所。康熙帝在驻跸畅春园期间，几乎每天都要在澹宁居听政理事，处理各类政务。例如，在康熙五十四年（1715 年）十二月初一日至十三日，在御园居住 13 天，有 6 天在澹宁居上朝，处理了几十件需要决定的事项。初一日那天连续解决了九项迫切问题，最后一件是关于曹寅和李煦亏欠银两问题。尚书赵申乔和侍郎汤右曾等近前恭奏：“臣等遵旨问李煦，江宁、苏州两处，所欠织造银两共计八十一万九千余两。”康熙帝明白传旨：“曹寅、李煦用银之处甚多，朕知其中情由，故将伊等所欠银二十四万两，令李陈常以两淮盐课羡余之银代赔。李陈常所赔银十六万两，理应缴部。若不缴部，仍付曹寅等，则愈致亏空无所底止矣。”由此可知，玄烨对曹寅、李煦亏欠银两的情况，完全知底，并设法予以赔补。但到了雍正年间，这欠银便成为革职、抄家、判罪的借口和根据了。

再如，康熙四十五年（1706 年）四月二十四日，玄烨于辰时到澹宁居听政。部院各衙门面奏完毕以后，云南巡抚郭瑮以赴任陛辞，面请训旨。皇上训谕：“云南乃极边地方，谓尔贤能，特别简用，尔往当小心办事。云南粮食丰足，地方太平，尔当加意受恤兵民，不得生事。为巡抚者，必如齐世武乃善。既为督抚，必不至衣食缺乏，但前任督抚一味欺蔽，尔当加意奉行。”郭瑮恭奏:“臣原系一介微贱，历蒙皇上擢用，授此要任。臣并无他见，惟谨志训旨，力图报效。”皇上还对一些具体问题做出明确指示，使这位巡抚满怀信心地走马上任去了。召见郭瑮，是玄烨这天处理的八件政事之一。

由此可见，畅春园已成为康熙帝听政理事的主要地点，成为紫禁城外的又一个政治活动中心。

澹宁居的后殿，在康熙六十一年（1722 年）成为皇孙弘历居住和读书之所。自从玄烨、胤禛、弘历祖孙三代这年春天在圆明园牡丹台会面之后，玄烨非常喜爱这位第一次见面的 12 岁小皇孙，当即决定带回宫中养育。驻跸畅春园时，便赐居澹宁居后殿，以便随时教育培养。弘历在乾隆四十年（1775年）曾写道："予十二岁时，皇祖养育宫中，于畅春园赐住之处即名曰澹宁居。"他在修建清漪园时，将后山东部一座殿堂命名为"澹宁堂"，以示牢记圣祖养育之恩，并写成一首《题澹宁堂》诗："忆昔垂髫岁，赐居曰澹宁。无忘斯黾勉，有勤在轩庭。远致要心泰，志明惟德馨。虽云述格语，而每切聪听。"

渊鉴斋和佩文斋

大东门土山北，循湖岸西上为渊鉴斋，七楹南向。斋后临湖为云容水态，左廊后为五楹佩文斋，斋后面为葆光，东为兰藻斋。渊鉴斋之前，水中敞宇三楹，为藏晖阁，阁后临湖为清籁亭。佩文斋之东北向为养愚堂，对面正房七楹为藏拙斋。

以上这组建筑，除云容水态外，均悬有康熙御题匾额。它处于前湖和后湖之间的东部空地上，东边有土山将大东门遮挡住；西边前后两湖通水渠道两侧，是太湖石堆砌成的假山。南北湖面视野开阔，东距园门不远，交通方便，却并不暴露。这里清爽幽静，荷香绕屋，成为读书作画的适宜地点。

渊鉴斋是玄烨的藏书窟、阅书室，也是他倡导和指导编纂浩瀚典籍的地方。玄烨于政务繁忙之余，认真学习中国传统文化的典籍。他曾说："朕自经帷进御，覃精六籍，至于燕暇，未尝废书，于诗之道，时尽心焉。"渊鉴斋和佩文斋即是他钻研古籍之地。

对于渊鉴斋的优美环境，张廷瓒有生动的描绘："紫兰含露傍云编，渊鉴斋头玉井莲。鱼鸟真同灵沼乐，菰蒲深处白鸥眠。”徐元梦也有《畅春园书堂春日即事二首》：“春光浩荡是天家，五色迷离处处花。探讨自应志岁月，云窗卷帙足生涯。花光柳色荫晴川，讽咏何期此地偏。黄鸟也知人意乐，朝朝啼向艳阳天。”而张英对玄烨在此披卷苦读、博览群书的精神，做了真实的刻画：“万几临御久精勤，暇日皇情涉典坟。窗度竹风弥静远，帘垂花气更氤氲。芸香披卷侵晨色，莲漏观书达夜分。水变墨池何足讶，琳琅千轴尽奎文。”

就是在渊鉴斋，玄烨令徐乾学编注《御选古文渊鉴》，又组织张英、王士禛等人纂修大型类书《渊鉴类函》。

《御选古文渊鉴》是一部古文选集，其中收录自春秋至宋代近 800 名作者的 1300 多篇文章，包括《左传》81 篇、《国语》30 篇、《战国策》26 篇，苏轼 80 篇、朱熹 36 篇、韩愈 29 篇等。其中对唐宋古文情有独钟，篇幅较多。每篇文章书眉之上刊刻诸臣附论。而每篇文章之首都有玄烨的御批，即篇篇有皇上对文章的介绍和评论。书前有玄烨亲撰序言，对全书内容、选文原则、编辑体例、成书目的作了明确的交代。其中写道：“朕留心典籍，因取古人之文，自春秋以迄于宋。择其词义精纯，可以鼓吹六经者汇为正集；即间有瑰丽之篇，要皆归于古雅，其绮章秀制弗能尽载者，则列之别集；旁采诸子录其要论以为外集。煌煌乎洵秉文之王律，抽牍之金科矣……是书也，虽未足以尽文章之胜，于圣人游艺之旨亦庶乎其有当也夫。”

《渊鉴类函》是一部侧重于检查文章辞藻的类书。张英、王士禛等人在明代成书《唐类函》的基础上，进一步将收书范围扩大，使此书在时间上贯通古今，内容更为丰富完善。全书445卷，康熙四十九年(1710年)由玄烨亲为制序刊行。他在序言中写道：“夫自有类书，迄于今千有余年，而集其大成，可不谓斯文之少补乎？学者或未能尽读天下之书，观于此而尽其大凡，因此求尽其始终条理精义之所存，其于格物致知之功，修辞立诚之事，为益匪浅鲜矣。”

渊鉴斋位于湖畔，还是赏景和赐宴的地方。允礽曾写过一首《渊鉴斋观鱼》：

潋滟波光傍玉除，
修鳞游泳自舒徐。
依蒲藉藻群相得，
舞阔摇深纵所如。
百道飞泉当槛合，
一泓清镜入窗虚。
临流到处歌于物，
总被汪洋圣泽余。

在玄烨六旬万寿节的前几天，皇上曾在这里分别赐宴众皇子及其亲眷。三月初九日，皇上在渊鉴斋设宴，诸皇子皇孙共39人赴宴，称觞献寿。三月十一日，又有诸皇子福晋和皇孙女、皇孙媳共43人，向老寿星玄烨祝寿。

佩文斋是玄烨收藏古今典籍名画法书的殿堂，是他读书、鉴赏书画和学书练字的书画室，也是他编纂书画典籍和画谱的工作间。关于珍藏书画和玄烨读画题字的情况，许多近臣都留有诗篇，张英的《佩文斋》写道：“天藻临池绝世工，瑶函百轴御香中。摩挲老眼窥云汉，凤彩龙雯矗紫穹。”张廷瓒写道：“龙笺千轴灿如林，宸翰雄奇冠古今。笔力由来天纵异，临池况复圣功深。”

玄烨最喜爱董其昌的法书。他说：“朕万几余暇，临摹古人书法，于明董其昌真迹，尤加欣赏。”他听说董其昌的曾孙董建中为候补州同，家境贫寒，便令吏部:就近省分州同员缺，即与补授。王鸿绪在畅春园进呈一幅董其昌真迹，玄烨十分高兴，亲赐御书临米芾跋手卷“宠赉荐加”。王鸿绪已是第五次获得这种“天章世宝”了，此时备感荣幸，便喜题七绝四首：

蓬莱别馆编芳晖，
名迹亲呈列翠微。
天语迴传霄汉上，
仙云晴满依臣衣。

千层翠岭绕离宫，
御幄香飘碧树风。

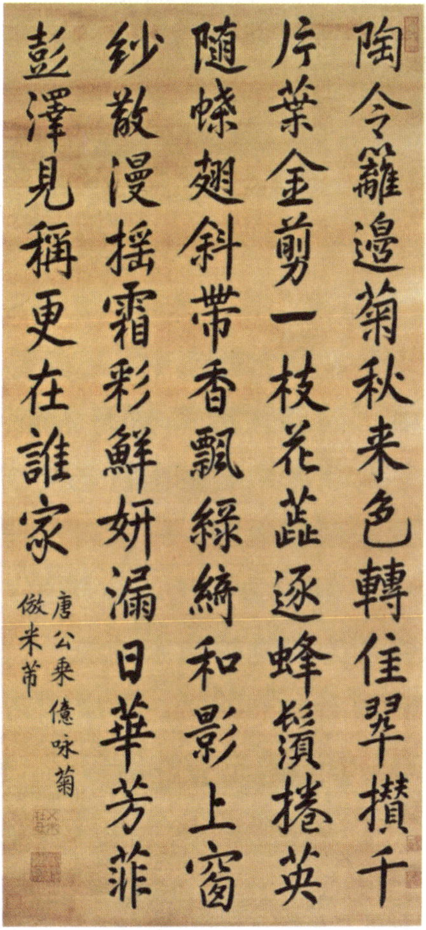

康熙临米芾字轴

特启书奁颁宝翰，
彩鸾飞下晓光中。

悬针倒薤墨涛香，
绢织鹅溪白雪光。
陛下法书真第一，
何须人道米襄阳。

数载含毫玉殿前，
五承温綍赐琼笺。
捧回什袭缣缃秘，
宝气珠光射九天。

康熙帝以佩文斋为基地，进行了大规模持续不断的诗文书画的编纂工作，收到了显著成效，为中华民族的传统文化建设做出了重大贡献。其中以“佩文斋”冠名的书籍就有《佩文斋咏物诗选》《佩文斋广群芳谱》《佩文斋书画谱》《佩文韵府》。

《佩文斋咏物诗选》是玄烨传旨，由蔡升元、励廷仪、张廷玉、查慎行等人编录，大学士陈廷敬、尚书王鸿绪校理的一部大型诗选，“若夫天经地志人事之可以物名者，罔弗列焉”。此书于康熙四十五年（1706年）刊行面世。玄烨在六月二十一日写了一篇序言，对编辑此书的目的做出清楚的说明：此书“镂版行世，与天下学文之士共之。将使之由名物度数之中，求合于温柔敦厚之指，充诗之量，如卜商氏之所言，而不负古圣谆复诂训之心，其于诗教，有裨益也夫”。

《佩文斋广群芳谱》一书，是在《群芳谱》的基础上增订而成的。《群芳谱》是一部花果谷菜画谱，为刑部尚书王士禛的先祖编成于明代万历年间。康熙四十四年（1705 年）六月，玄烨敕命汪灏、张逸少等四人为纂修官，进行增补编校。其中还诏准，将玄烨所赋咏诗词，依类分载于各卷。康熙四十六年（1707 年）二月编成，凡一百卷，赐名《佩文斋广群芳谱》。玄烨在康熙四十七年（1708 年）撰写序文，对编辑此书的重要意义作了精辟的阐述。

《佩文斋书画谱》编辑的缘由，是玄烨在万几之暇，常到佩文斋披览典册，间或临摹书家名迹。每次看到前代记录书画诸书，种类错亘，漫无统纪，便想自编一书。遂将佩文斋所藏书画及评论，按类编纂，为一百卷。“凡书画之源流，古今工于此者之姓氏，

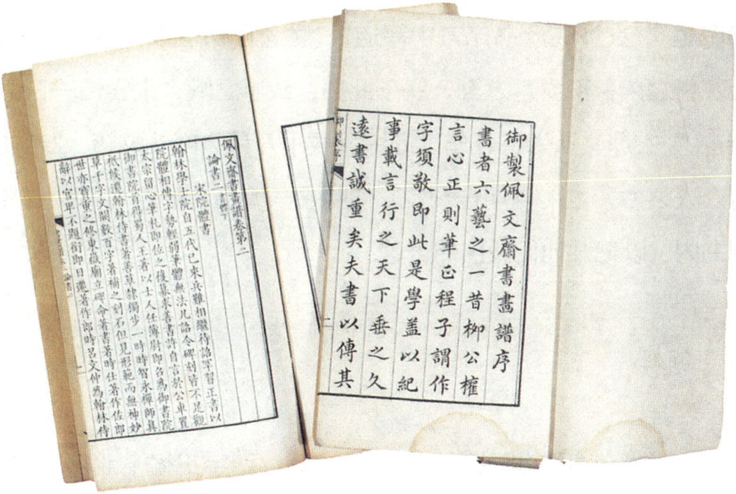

康熙御制《佩文斋书画谱》序

以至闻人之题跋，历代之鉴藏，悉备考而慎其择，亦可为详且尽矣”。玄烨应诸臣之请，允许将御制书画题跋拣出数十则，编为一卷。康熙四十七年（1708 年）二月全书编就，玄烨题写了序言，付印出版。

《佩文韵府》是一部专门汇集诗词歌赋中的辞藻典故的书，共 440 卷，康熙五十年（1711 年）由张玉书等纂修成书。玄烨对这部书花费了巨大的精力。他博览群书，嫌前人编辑的此类书籍简而不详，略而不备，且引据多误，便决心重新编纂。从康熙四十三年（1704 年）六月起，玄烨与内直翰林诸臣亲加考订，时时面谕，令词臣一一正其讹舛，增其脱漏，终于编纂成帙，遂赐名《佩文韵府》。在武英殿开局以后，玄烨要求翰林详勘后逐日进呈御览，而于康熙五十年（1711 年）十月全书告成，共 106 卷 18000 余页。“囊括古今，网罗巨细，韵学之盛，未有过于此书者也。”玄烨在此书序言中写道：“朕念自初至今，经八年矣，历寒暑之久，积岁月之勤。朕于此书，政事之暇，未尝惜一日之劳也。”玄烨又认为，几年之间编纂成十几种大部头书籍，“若非合众人之力，岂能克期告竣？”便将参与编书者的姓名，一一开列书内，以记载他们做出的贡献。

疏峰

从兰藻斋循后湖东岸而北，转山后，西宇三楹；北宇五楹，为疏峰，有康熙御书匾额。再北行，绕过后湖东北角，循岸而西，临湖正轩五楹，为太朴轩，也有康熙题额。

在疏峰以东的小东门附近，有一座翰林直房。过去上书房翰林直庐在畅春园内未曾设置，园内只有南书房直庐。上书房翰林只能在园外租房僦居，以等候不时传唤。康熙四十二年（1703 年）正月，“上亲指沿墙向西屋五间为祗候之地”。这年秋天，又改建为三进院落，坐北朝南，最南边三间为上书房翰林直房，后两进院为画院。

清溪书屋

太朴轩之东，有石径接东垣，即小东门。从石径北行，这里清幽僻静，山环水抱，是康熙帝的寝殿清溪书屋。

庭院的西边和北边是水面较大的东北小湖，小湖南端引出一道小溪，绕过院南和院东，又北行流回小湖。溪南隔道土山便是后湖北岸。康熙帝将寝殿取名为“清溪书屋”，也是对环境的写实。

清溪书屋不设围墙，没辟院门，渡过溪桥，迎面便是正殿，坐北朝南，面阔七楹，后抱厦五楹，东顺山房五楹，西顺山房九楹。西穿堂门外为昭回馆。后殿为导和堂，面阔五楹，前廊后厦。书屋两侧各有游廊十六楹，分别与导和堂连通。清溪书屋之西为藻思楼，其后山麓湖畔，即庭院西北建一座竹轩。竹轩由翠竹编搭而成，轩后是崚嶒峻峭的假山，山上山下是一片青翠的竹林。清风徐来，修竹摇曳，进入这块福地，好像走进了北国江南。

康熙二十八年（1689 年）正月初五日，玄烨的法国籍几何学教师张诚神甫，曾被邀允许进入清溪书屋。这位神甫用外国人的视角，对皇帝的寝宫进行了细致的观察，他在《张诚日记》中写道：

皇上还宣召我们进入他平日晏息的寝宫。那里既不富丽也不堂皇，但确是所有宫室中最令人喜欢最舒适的地方。它位于一南一北两大池塘之间，周围几乎全是掘地堆土而成的小巧假山。山上遍植桃李等，繁花满树或绿叶成荫的时候，景致都很好。寝宫北面是一座小小的台榭，紧临池塘，登台四望，景物极佳。我们也看到皇上冬夏晏息的内室。我们在那里见到的一切陈设都很朴素，按照中国风格布置得极其整洁。他的屋宇和花园的美处，全在于布置得宜和对于自然的模仿。比如，堆砌而成的假山和岩洞，嶙峋的怪石，以及世界上遥远偏僻地方的奇态异景，都加以模拟。但是他所最喜欢的，是点缀在山边水旁，掩映在绿树丛中的亭台和花坛，以及林下花丛中的曲折小径。这就是这个民族的天才。

康熙三十年（1691 年）正月十五日元宵节，玄烨在寝宫宴请张诚等外籍教师。皇上命上驷院备马，赐他们骑马进入畅春园，然后被引入清溪书屋。他们见“席上有冷肴、果品、面点和甜食”。在进餐后，张诚还目睹了玄烨在这里宴请宗亲的场面。他在《张诚日记》中详细记载了宴会盛况：

我们进食以后，内监布置皇上今天宴饮 12 至 15 位内廷亲贵的酒席。皇上用的茶食等物则置于大殿另一端。殿正中设一大方桌，朱漆鎏金，幡龙花饰。鞑靼人和汉人都不用桌布和餐巾，他们只在桌上铺陈绣有金龙的黄缎。桌的前面有两片桌围，边上饰以银丝嵌镶的有色石珠。这些都用没有什么光泽的普通石头磨成。厅的两侧为亲贵大臣各设一个尺把高的矮几，坐垫则置于地板上。他们即在此处就座入宴。食品中有堆成金字塔形的冷肉，用肉冻、豆类、菜花或菜心拼成的冷盘。御膳桌上满陈各色鲜花，整个冬天都有花木栽在大瓷盆或者漆木桶中，陈设在皇上寝宫内。这是他内寝中的主要装饰。除此之外，一切都很淡素。大殿角落用屏风隔开，设乐队于此。一班10岁至12岁的小太监，身穿小丑衣服，在席前表演种种武功。其中二人头向后弯，几乎碰到自己的脚跟，然后直立如初，丝毫不移动位置或使用手脚……

清溪书屋是康熙帝的寝殿。自从畅春园建成后，玄烨每年都要来此居住一段时间，少则个数来月，多则半年有余，一生在此居住近四千个夜晚。玄烨在康熙六十一年十一月初七日（1722年12月14日）病逝于清溪书屋。

西路建筑景观

无逸斋

无逸斋位于御园西南角，从二宫门外出西穿堂门为买卖街。这座苑内宫市建于宫西小湖南岸，略仿市廛景物。买卖街西边，小湖南岸建有船坞，停泊着大小御舟。靠南园墙有房一座，额题“西墅”。从西墅北行，西转穿过西部长河上架设的小桥，即是无逸斋的东门。垂花门内正宇三楹，后跨河上为韵玉廊，廊西为松篁深处。自右廊入为无逸斋门，门内正殿五楹，即无逸斋。西廊内正宇为对清阴，廊西为蕙畹芝原。

这组建筑群的松篁深处院内，有一片葱郁的竹林，非常引人瞩目，无逸斋便被称为“松斋”（见弘历《题无逸斋》诗）。因为北方缺竹，这一景观更显重要。查慎行有《无逸斋看新竹恭纪》诗：“地辟琅玕坞，天通箭栝门。烟霄连别苑，雷雨过前轩。簌簌风开箨，洄洄水注根。移栽初尚浅，培护久能繁。……直节人皆见，虚心道亦存。律堪调凤吹，名岂愧龙孙。好报平安信，休孤长养恩。亲从天上看，不羡白沙林。”

无逸斋是皇太子允礽的居室和书斋，也是众皇子的读书处。康熙帝非常重视皇太子和众皇子的教育，亲自培育和教导这些皇子。他曾说过：“朕于宫中谕教皇太子，谆谆以典学时敏，勤加提命，日习经书，朕务令背诵，复亲为讲解，夙兴宵寐，未尝间辍。”（《圣祖御制文二集》）《居易续录》也有记载：“上在宫中亲为东宫讲授四书五经，每日御门之前，必令将前一日所授书背诵、复讲一过，务精熟贯通乃已。”直到康熙二十六年（1687 年）六月，玄烨才为皇子们选择了三位师傅：尚书达哈塔、汤斌和少詹事耿介，并征得大学士明珠、王熙等人的赞同和支持。玄烨选师的条件非常严格，既要学问高深又要品德高尚。他还先后挑选张英、熊锡履、李光地、徐元梦、顾八代、法海等人为皇子师傅，都是满汉宿儒。

康熙二十六年（1687 年）六月初七日，康熙帝在畅春园召见达哈塔、汤斌、耿介三位师傅，皇太子及皇子四人待命，内大臣、侍卫、起居注官分列左右。皇帝降旨："自古帝王，莫不以预教储贰为国家根本，朕恐皇太子不深通学问，即未能明达治体，是以孳孳在念，面命耳提，自幼时勤加教督，训以礼节，不使一日暇逸……皇太子从来惟知读书，嬉戏之事一切不晓……尔等皆有声望于外，兹特命尔等训导东宫。"关于学习的科目，他说："朕谨识祖宗家训，文武要务并行，讲肄骑射不敢少废，故令皇太子、皇子等既课以诗书，兼令娴习骑射。"汤斌三人虽一再推辞说自己不能担此重任，还是没能改变皇上的决定。

从初九日开始，皇子们便开始在三位师傅的引导下，在无逸斋进行紧张繁重的学习。起居注官德格勒、彭孙遹记下了皇子们在无逸斋的学习情况：

一大早，皇子们在无逸斋读书，朗读《礼记》数节、经义一篇。汤斌捧书听皇太子背诵，不遗一字。又朗读新书。皇太子写楷书一纸，约数百字。

辰时，皇上驾至，升座。问起居注官，皇子读书何如？对以"皇子睿质岐嶷，学问渊通"。玄烨便发议论："不能读书，饰以为能读，不能讲书，饰以为能讲，若此者非人类矣。"皇上回宫后，皇太子又写楷书一纸。

午餐后，皇太子写满文一纸，即温习《礼记》和经义，各朗读 120 遍。此时，皇上又来到无逸斋，皇太子允礽、皇长子允禔、皇三子允祉、皇四子胤禛、皇五子允祺、皇七子允祐、皇八子允禩站立侍命。皇上从案上取出经书十余本，递给汤斌，说："汝可信手拈出，令诸皇子诵读。"汤斌随揭经书，允祉、胤禛、允祐、允禩以次进前，各读数篇，声音朗朗。又命允禔讲解《格物致知》和《论语》的章节，皆逐字疏解，又能融贯大义。玄烨又命允祺读一篇满文，段落清楚，句句明亮。皇上说："朕幼年读书必以一百二十遍为率，盖不如此则义理不能淹贯，故教太子及诸皇子读书皆是如此。"他还说，他经常改抹皇太子的习字，加点者少，未尝加圈。玄烨让师傅和近臣写字，汤斌和耿介的字很平常。皇上遂亲洒宸翰，书宋儒程颢七言诗一绫幅及"存诚"两大字一纸。绫字秀丽，大字苍劲，皆有法度，诸臣莫不欣忭赞扬。

之后，皇上又带领诸子练习射箭，亲自拉弓搭箭，连发皆中；还命近臣和侍卫习射。此时天已薄暮，皇子们的全天学习方告结束。玄烨也回清溪书屋去了。

经过这样不断地学习，诸皇子都具有较高的文化水平和满汉语言文字水平，不仅熟悉中国古代典籍，也使书画和骑射也达到很高的水准。

后来，皇太子迁到西花园去居住和读书，诸皇子也迁往西花园南部的荷池四所去了。

到乾隆年间，孝圣宪皇太后入住畅春园。弘历将无逸斋葺而新之。斋内屏风正面御书《周书·无逸篇》，后有御题《十韵》。他把《无逸篇》作为视事经典，施政龟鉴，题写在屏扆间，以资随地观省。这也是效法父皇的做法，胤禛曾在圆明园勤政亲贤殿书《无逸》于屏。弘历有《无逸斋》诗："全篇曾是屡书屏，两字名篇括政经。忆昔挥毫垂训典，即今退食每延停。七鸣呼实致忠告，四迪哲应缅懿型。法近莫先勤法近，还殷来许慎聪听。”

孝圣宪皇太后住在畅春园太后宫，弘历常从圆明园到前园来问安，请安后即退居无逸斋为传膳理事之所。乾隆四十二年（1777年）皇太后去世，停灵九经三事殿，无逸斋转成“苫次”，弘历在此斋尽孝，处理丧葬事宜。此后，弘历再也没到无逸斋来过。

纯约堂和回芳墅

无逸斋后，越过土山之间的通路，沿宫西小湖西岸北行，东过板桥，小岛东端有一座太湖石堆砌的假山，山上有方亭名莲花岩亭。小岛北方对岸有松柏闸，将宫西小湖与前湖水连通。松柏闸东岸即兰芝堤，西岸为桃花堤。沿前湖西堤穿过桃花林，过小桥，即是前湖西北部的横岛。从横岛东望，前湖东北岸边的渊鉴堂清晰可见。

有一年初夏，高士奇侍从畅春园游宴，玄烨手指莲花岩亭边上的一株松树，对高士奇说：“此尔随朕清凉山时所移者，今已成树。尔可登岸摩挲之。”高士奇手抚松树，感慨不已，遂吟诗一首：“一径回峰侧，言从古洞过。涧松亲种植，口敕许摩挲。雨润龙形鬣，苔深佛顶螺。岩边虔盥漱，合掌祝尧多。”

横岛上东室三楹，为纯约堂，其后右厅三楹为迎旭堂，有康熙御书匾额。纯约堂东为招凉精舍。河厅之西为转弯桥，桥北圆门为“憩云”。迎春堂后回廊折而北为晓烟榭，河岸以西为松柏室，其左为乐善堂。别院有亭，为“天光云影”。松柏室后出山口临河为红蕊亭。自天光云影后廊出北小门登山,东宇为“绿窗”，有康熙御书匾额。山北为回芳墅。红蕊亭东为秀野亭。

乾隆十二年（1747 年），为供皇太后居住，这组建筑重新修葺，弘历为北宇题额“凝春堂”，又为纯约堂御题内额“导和怡性”,松柏室题内额“翠岩山房”。弘历御制《纯约堂》诗一首:“轩榭贻皇祖，佳名纯约垂。清温奉慈豫，丹艧栱榱施。今日成新落，清和正好时。指山倾北斗,俯水是西池。丽景窗中纳,瑶图座上披。即看阶砌畔，应茁万年枝。”

蕊珠院

自回芳墅北转，穿过山间通路，过连通西部长河与后湖间小溪上的板桥，东望后湖，离堤岸不远，在茫茫碧水中的假山上，耸立着一座三层重檐高楼，这便是蕊珠院露华楼。

蕊珠院是在清华园旧楼的基础上修建的,《宸垣识略》载:“清华园……西北水中起高楼五楹，楼上复起一台，俯瞰玉泉诸胜。”新建的蕊珠院露华楼为面阔五楹，三进三层，被称为水中杰阁。蕊珠院匾额为康熙御书，内额为乾隆御书“凭虚畅襟”。

康熙四十七年（1708 年）闰三月二十一日，玄烨召大学士陈玉书、陈廷敬，尚书王鸿绪及内直词臣，游畅春园观赏牡丹花，“登湖中平台上层”，在蕊珠院赏花。王鸿绪吟诗抒发观感：

琼岛琼馆是蓬莱，
锦石为阶玉作台。
当面水光平若簟，
四周山色翠成堆。
悬廊好鸟千般语，
向日奇花万种开。
仰视中间龙座迥，
共从檐下一徘徊。

康熙五十五年（1716年）闰三月二十一日，查慎行等蒙召赏牡丹。先一日，还让他们观看《牡丹图谱》。他们从渊鉴斋乘舟至瑞景轩、蕊珠院露华楼，遍观各种牡丹。词臣们纷纷恭纪盛事，感戴皇恩。查慎行也题写七律四首，其二为：

万卉千葩未觉稠，
扫官老监记牙筹。
芗林不断通三岛，
花海无边际十洲。
佳气氤氲蒸作雾，
余霞缥缈结成楼。
蕊珠一本尤奇绝，
径尺重台两并头。

乾隆年间，弘历奉皇太后在仙境般的蕊珠院避暑安养。他在炎夏中前来问安，吟咏《蕊珠院》诗一首，诗序写道：“畅春苑湖中杰阁数楹，上摩清颢，下瞰澄波，皇祖题之曰蕊珠院。朕奉皇太后驻跸是苑，每问安传膳于此。信乎清都之景，不老之庭也。”全诗如下：“镜里层楼号蕊珠，网轩四面远山图。尧年宝露犹霑树，王母香华每降厨。地是上清无暑境，庭名不老列仙都。六星又见朝南极，鸾鹤纷随瑞霭扶。”

集凤轩和西厂

蕊珠院西岸偏北，在南北两座土山之间，有一组建筑，为集凤轩。轩前连房九楹，中为穿堂门，门北正殿七楹。殿后稍左为“月崖”，其右为锦陂亭，渡河桥西为“俯镜清流”。“集凤轩”“月崖”“锦陂”“俯镜清流”诸额皆康熙御书。由俯镜清流穿堂门西出，循河而南，即大西门。门内有广阔的空地，称西厂。

康熙五十三年（1714 年）十二月，玄烨在畅春园大西门射圃，亲自阅试八旗官兵的骑射本领。他咏出五言律诗一首：“骑射为观德，从来旧制存。久安惜将老，长治厌兵繁。训练虽成法，忠贞实本原。先知亲上义，不必问私恩。”玄烨认为：检阅骑射是为了“观德”，即考核了解八旗官的德行。“忠贞亲上，不问私恩”，这是对八旗官兵的要求，也是骑射的目的，通过军事技术的阅试来检查官兵的政治思想。

康熙五十四年（1715 年）十一月十三日，玄烨为阅试武举，又来到畅春园西厂。领侍卫内大臣、读卷官、大学士松柱等，按位排列恭立，皇帝升坐。兵部侍郎觉和讬等近前，奏武举徐绥等 170 人分为 11 班，考试其骑射。皇帝命诸大臣落座，于是阅徐绥等，以次骑射，记其优者。阅试完毕后，皇上令诸皇子骑射，然后回宫。

第二天，继续阅试，试以步射、挽硬功、舞刀、掇石。

第三天，继续在西厂试射。从武举中选出 15 名最优者复射，分为等次。大臣们将入选 15 人内最前三人为一甲，另 12 人为二甲，其余俱为三甲，并将 15 人的卷子呈览。

第四天，也就是十一月十六日，皇帝返回紫禁城，在太和殿传胪，赐武举赛都、孙世魁、许履亨一甲进士及第，曹真等六人二甲进士出身，王廷极等 98 人三甲同进士出身。

乾隆年间，弘历重新修葺集凤轩，以为奉母夏凊之所，并御题正轩外檐匾额为“执中含龢”，内额为“德言钦式”。弘历也常在集凤轩西边的大西门内亲练骑射。乾隆十三年（1748 年）于此习射，发矢二十，中十九。齐召南当场吟出《畅春园西楼前伏观御射恭纪》七律四首，其一写道：“曈昽初日照西山，百尺楼开紫翠间。御苑经寒欣草浅，秋风讲武值农闲。虎熊的画君臣鹄，鹓鹭墀分左右班。何幸此时叨侍从，大弓亲睹至亲弯。”弘历用齐召南韵成诗四首，命勒于集凤轩壁间。

乾隆十四年（1749 年）孟夏，皇太后赐膳于集凤轩。弘历事后说：“陈马技以娱慈颜，亲发十矢，复中九，且破其的者三焉。圣母预悦，仙苑增春。”弘历依旧韵吟成《集凤轩》七律四首，末句称：“惕乾未敢忘初志，多故犹然忆去年。”

大西门内不但是习射场所，还是元宵节（灯节）燃放烟花的场所。每年正月十四日起，连续三天夜晚，御园内灯火齐明。在大西门内勤政楼前，垠平如削。楼正面设灯棚一架，高起六丈余。

稍南为不夜城，中列黄河九曲灯，缚秫秸作坊巷胡同，径衖回复，走进胡同犹如身临迷宫。巷内灯盏无数，一灯一旗，五彩间错。

当夕阳落入西山，数千百灯一时燃亮，其北列栅，方广五六里，散置灯火数百架。这时，康熙帝登上勤政楼，西向落座。先放高架烟火，称为“盒子”，最奇者为千叶莲花盒子。须臾，桥东爆竹引发药线，从隔河起，飞星一道，倒曳有声，倏上倏下，列入栅中，纵横驰突。一会儿，火光远近齐着，如蜇雷奋地，飞电掣空。此时，月色天光，俱为烟气所蔽，观灯的人神移目眩，震撼动摇，不能自主。少顷，烟焰尽消，只有黄河九曲灯仍然荧荧闪耀，犹如夜空的繁星。这时，只见舞龙灯的太监登场，显示出超人的本领。直到漏下二鼓，灯节的热闹场面才告结束。

康熙三十年（1691 年）上元节，玄烨请他的外籍教师张诚等人，与他一起观赏焰火。张诚在他的日记中写道：

晚上我们去观看焰火。火架设在皇后寝宫的对面。皇上带领各位皇子亲临观赏。观众中还有 20 多位亲贵大臣。我们的位子就在他们旁边。焰火没有特异之处，可观的只有火炮连环点燃的一串灯盏，腾空而起，光焰耀目，犹如许多行星。其余不过是些喷花、雨星、爆管、火箭等依次发射罢了。第一支火箭在皇上到场之前发射，他们说这支火箭是他亲自点燃的。这支火箭像射离弓弦的急箭一样，射中并且点燃三四十步以外的另一架焰火。这架烟火中又飞蹿出第二支火箭，触发第三架焰火，射出第三支火箭。几架焰火犹如机器连环发射。这场焰火放了 1 小时。

玄烨在康熙四十二年（1703 年）观灯后，写有《灯节戏作》：“隐隐光风度柳条，千寻银箭到丹宵。龙衔火树花开看，欲见山青待雪消。”这年上元节，查慎行也受召，与查升、汪灏进园观看烟火，写了一篇《西苑观灯》以记其事。康熙四十五年（1706年）又受召赴西苑，写成一阕《醉太平·丙戌元宵召赴畅春园西厂观烟火》：“墙东玉虹，桥东烛龙。丹楼一朵，云红是宵中。旦中烟浓雾浓，凌空架空。西山一带朦胧，隔千重万重。”康熙五十八年（1719年），皇子们随玄烨西苑观赏烟火。皇十七子允礼吟成一首五律《上元日畅春园即景》：

令节值元宵，天家盛事饶。
银花明火树，铁锁敞星桥。
月影溶溶照，灯光焰焰飘。
御园风景丽，歌颂圣明朝。

观澜榭和雅玩斋

蕊珠院北阜上层台为观澜榭，有康熙御书匾额。西河厅三楹；东河厅四楹，为“坐烟槎台”。榭后正宇为“蔚秀涵清”，后为流文亭。乾隆年间重修，观澜榭内额“与物皆春”，及坐烟槎台、蔚秀涵清，皆乾隆御书。

观澜榭西北行为闸口门，闸口北设随墙。小西门北一带构延楼，自西至东北角上下共84楹。中楼为雅玩斋、天馥斋，天馥斋牌坊前额为“日穷寥廓”，后额为“露澄霞焕”；东楼为紫云堂。紫云堂之西过穿堂为西北门。

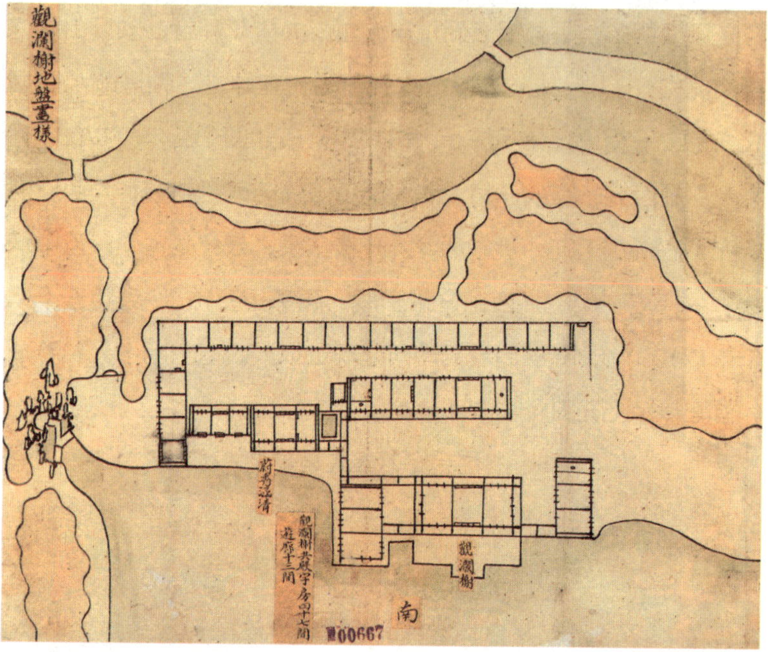

畅春园观澜榭地盘画样

雅玩斋和天馥斋位于畅春园西北隅，西北小湖的北岸。斋前种植蜡梅，这是北方较为罕见的花种，是玄烨特意从南方移来栽种的。玄烨南巡时发现：在二月二十八日抵达扬州时，小麦已经秀穗，至四月二十日回銮，正是北京刈麦之时。南方麦秀虽早于北方，而仍与北方同时成熟收获。他经过多次观察，认为："谷稼果品大略皆然。""江南梅花正月即放，至五月始实。朕取至畅春园种之，见其三月放，亦于五月结实。花放于两月之前，而同至五月结实，此皆水土之故也。"玄烨将他这个发现向张玉书、李光地谈过，得到一致的认同。他还向起居注官揆叙等颁谕："朕巡行各省所见诸物无不留心详察，故知之甚明确也。"让将此事记录在案。他还写了一首《黄蜡梅》诗，阐明此理："腊后江南得早梅，春迟北地见花开。不随岸柳初眠候，只伴寒松破冻回。"

如今又逢玄烨亲移蜡梅的绽放时节，康熙五十年（1711年）三月初十日，玄烨恭请皇太后观赏蜡梅。这使他回忆起两个月前为皇太后祝寿时的情景。这年，玄烨一反往年于十月初三日皇太后圣诞之日为她祝寿的做法，元旦刚过，便降谕礼部："蟒式舞者，乃满洲筵宴大礼，至隆欢庆之盛典，向来皆诸王大臣行之。今岁皇太后七旬大庆，朕亦五十有七，欲亲舞称觞。"正月十六日，宁寿宫内张灯结彩，举办盛大宴会，外藩王公和皇子、大臣及福晋、命妇全部齐集。皇太后登上宝座，乐曲高奏，玄烨合着音乐的节拍，在太后前跳起满族特有的蟒式舞，并频频向太后劝酒祝寿。玄烨的表现，使他成为履行孝道的表率，使皇太后和在场的人都极为感动。

玄烨在雅玩斋侍奉皇太后观梅，也是为了尽孝，为皇子和臣子们做榜样。玄烨触景生情，吟出一首古诗《三月初十日，恭请皇太后雅玩斋进膳看梅花》："当年梅雪伴，今岁暮春迟。银杏舒新叶，木兰盖绿枝。花当亭畔发，香逐雨中移。别殿陈鲜密，尚方献瑞芝。老莱舞膝下，珠草列仙墀。敬上乔松祝，欣瞻王母仪。捧觞称寿句，进酒问安词。地润铺红萼，波澄敛玉池。高峰多爽气，绮树得丰姿。漏转催辰半，表行近画奇。承欢同永日，孝思莫违时。会庆思经义，千秋古训垂。"

寺院庙宇

龙王庙

龙王庙位于剑山下的小溪东岸，澹宁居北边的东园墙内，坐西朝东，面阔三楹，右耳房二楹，庙额为“甘霖应祷”，康熙御题。

乾隆年间，有一年春夏干旱少雨，住在畅春园的皇太后到龙王庙来求雨，恰巧天降喜雨，解除了旱情。弘历听说此事后，说：“自

清人三山五园图中的龙王庙等景点

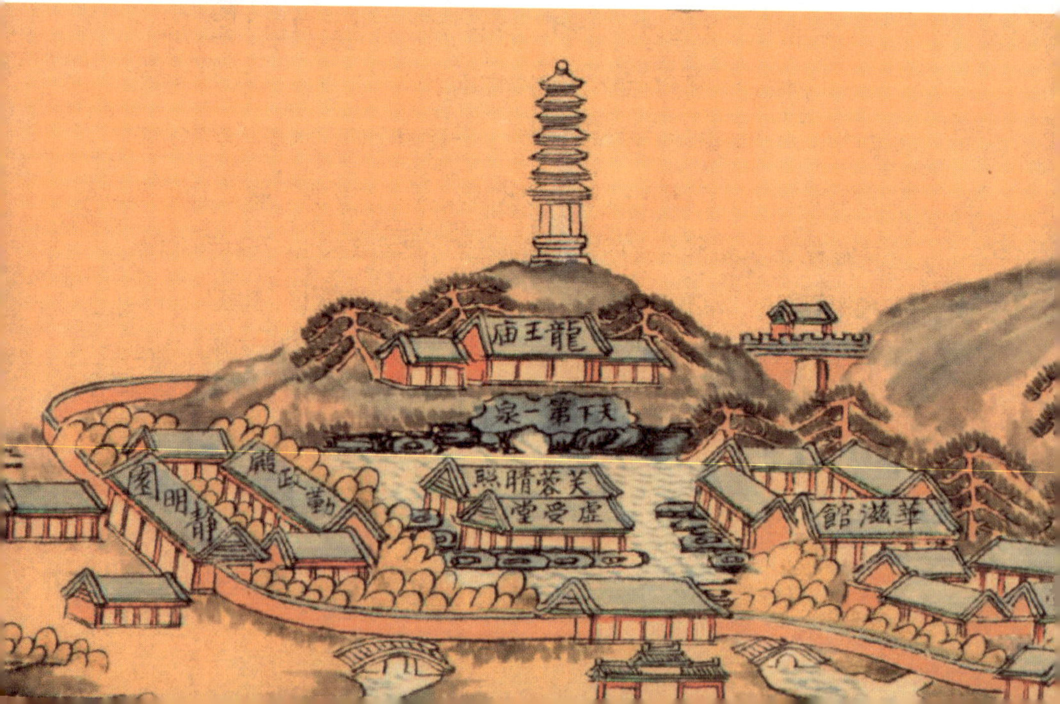

春徂夏，尚未得沾足雨泽。皇太后步祷于园内龙王庙。朕恐惧惴栗，莫知所措。夫以朕之不德，上累圣母忧劳，遑敢以酒食之馔，尽承欢之小节乎！”便急忙到皇太后面前问安，写成一首《午日畅春园问安》：“蒲岸荷洲泛玉津，铜龙双辟问安辰。只因悯雨遵兹训，未敢称觞答令辰。黄帽龙舟闲浦溆，绿枝虎艾缀楣枨。分明旧岁端阳景，饶有新愁薄念频。”

府君庙

府君庙位于渊鉴斋和小东门之间，四面环山，坐北朝南，面阔三楹，左耳房二楹。庙内神像如星君，旁殿奉吕祖像。

关帝庙

关帝庙位于无逸斋北边，后湖西南角的西岸，背倚土山，坐西朝东，面阔四楹，庙额“忠义”，为康熙御题。

娘娘庙

娘娘庙位于关帝庙以北，后湖一个小岛上，小岛有通道与西岸连接。殿堂面阔三楹，东西耳房各一楹，门前竖一堵影壁。

恩佑寺

玄烨逝世后，胤禛仿效其父为皇太后祝釐在南苑建永慕寺的做法，在畅春园建恩佑寺，为圣祖仁皇帝荐福。此寺建于雍正元年(1723 年)，位于畅春园东北隅东园墙内，外临通衢，门前横一堵影壁。山门额为“敬建恩佑寺”。门内是一座宽阔的庭院，西部小溪上建三座白石桥。二层庙门额为“龙象庄严”。正殿五楹，前抱厦三楹，有雍正御题匾额“心源统贯”。殿内龛额为“宝地昙霏”;楹联为“万有拥祥轮，净因资福;三乘参慧镜，香界超尘”，皆乾隆御书。殿内奉三世佛，左奉药师佛，右奉无量寿佛。院内南北配殿各三楹。

关于恩佑寺与清溪书屋的关系,有一种误解。弘历《清溪书屋》

恩佑寺山门今貌

诗序说："畅春园中是处为皇祖宴寝之所。我皇考改建恩佑寺以奉御容。"有人便理解为，将清溪书屋这座寝殿改建成恩佑寺的庙堂了。关于这一点，样式雷画样标识得很清楚，恩佑寺建在东园墙内，坐西面东，而清溪书屋坐北面南；恩佑寺的正殿"心源统贯"位置,处于清溪书屋后殿导和堂的东边。"导和堂东穿堂门，即恩佑寺佛殿后也。"（《日下旧闻考》卷七十六）可见，清溪书屋本身并未被改造成庙堂，它与恩佑寺的殿堂同时存在着。

恩慕寺

恩慕寺位于恩佑寺之右，建筑规模与恩佑寺相近，南北略宽，东西稍短。此寺建于乾隆四十二年（1777 年），弘历圣孝哀思，绍承家法，为皇太后广资慈福而修建。寺之取名，源于皇祖之永"慕"寺和父皇之"恩"佑寺，名兼"恩慕"。山门额为"敬建恩慕寺"，门前横一堵影壁。过一进院溪上石桥，二层山门额为"慈云广荫";正殿额为"福应天人",殿内额为"慧雨仁风",楹联为"慈福遍人天，祥开佛日;圣思留法宝，妙现人灯"。额联皆乾隆御书。正殿奉药师佛一尊，左右奉药师佛 108 尊。南配殿奉弥勒像，北配殿奉观音像；左右立石幢一柱，刻全部药师经，另一勒御制恩慕寺诗。此诗写于乾隆四十二年（1777 年），内容如下："尊养畅春历卌冬，欲求温清更何从？天惟高矣地惟厚，慕述祖兮恩述宗。圣德宁资冥福报，永思因启梵筵重。阶临忍草韶光寂，庭列祥枝慧荫浓。忾若闻犹僾若见,耳中音与目中容。大慈本悟无生指，渺息长怀罔极恭。”

上述内容便是畅春园山水花木和建筑景观的概貌。我在这里用康熙帝近臣高士奇在《侍从畅春园游宴恭纪》组诗的诗序中，关于畅春园概貌的描写来结束这段文字。高士奇写道：

臣自康熙二十八年叩辞天表，归傍湖乡。自分枕石漱流，于焉终老，依光觐日，难以再逢。去秋忽荷恩纶，召还禁闼。今者首夏三日，又蒙命臣遍观畅春园。时则轻阴笼树，细雨沾苔。松

畅春园恩慕寺山门今貌

磴逶迤，偏容散步；筠廊曲折，独许幽寻。命中使以导行，度长林而徐进。堤连新涨，钱荷与网荇齐舒；路绝纤尘，莎砌共药栏交映。红英碧蕾，皆由圣泽栽培；右石左花，尽出天心位置。林峦幂幂，自尔清深；阶戺重重，曾非藻饰。香霞作片，树谱之所未详；浓艳成丛，花师之所罕睹。春波潋滟，挽来天上星河；昼漏稀微，留取壶中日月。九霄谁至，十岳非遥。既而随侍御舟，分沾天馔。风移画楫，不烦锦缆之牵；香溢雕盘，远胜酥陀之味。宠荣过分，悲喜交来。不谓余生更邀殊眷，且见我皇上燕闲之地，尽罗缥帙缃囊；游豫之时，每念烟锄雨笠。治则羲皇冲漠，心同尧舜畴谘。臣生遇升平，身蒙戺泽。巢痕未扫，欣随社燕重来；土脉初融，喜并春荄再发。惊惭无地，感激自天。谨撰五言十章，用志千秋一遇云尔。

发生在畅春园的大事

自康熙二十六年（1687 年）二月二十二日康熙帝驻跸畅春园后，他非常喜爱这座风光秀丽的御园，当年就来园居住 44 天。从此，玄烨年年来畅春园居住，最少的一年是康熙三十五年（1696 年），也有 29 天；最多的是康熙四十七年（1708 年），多达 202 天。他大多是正月上旬在办理完重大礼仪宴会后，即前来郊园，其中正月初二即到畅春园居住的年份就有八次。通常都要住到十一月乃至十二月下旬，才离园返回皇宫，其中腊月二十五日至二十八日才迟迟离园的有八次之多。当然，其中有相当多的时间，是去南巡江浙、东谒祖陵、西游五台和北狩承德避暑山庄等，并非全是住在淀园。玄烨的生日是三月十八日，他共有 24 次是在畅春园度过万寿节的。直到病逝于畅春园清溪书屋，36 年间他居住畅春园累计为 257 次，共 3870 多天。

康熙帝在畅春园生活的主要内容，是避喧听政、颐养慈宁和避暑赏景。

一是御门听政，选馆引见，处理各类朝廷政务，包括处理具体政事，引见臣僚，任命官吏，策试选士，阅试武举骑射，赐宴王公大臣，接见外国使节等，政务十分繁忙，而且事必躬亲。

二是学习科学，纂修类书，参与多项文化事业建设。玄烨不仅在御园博览群书；学习和钻研中国传统文化古籍，还延请外籍教师白晋等人，刻苦学习多门自然科学知识。他经常阅读古今名人字画，苦练书法艺术，并组织和指导学者大儒编纂多种类书，为中华民族的传统文化建设做出了很大贡献。玄烨还选聘才德双全的教师，教导皇子们学习儒家经典、满文和骑射，培养他们成为有知识有能力的人。玄烨命皇三子允祉带领皇十五子允禑和十六子允禄，在畅春园蒙养斋立馆，纂辑律吕算法诸书，并召集了方苞、徐元梦等一批学者参加。皇三子允祉等在广泛考订坛庙宫廷乐器的基础上，逐章编纂，多次呈览皇父审阅，而玄烨每次都作出具体指示。一年后，允祉以《御制律吕正义》一书呈进。玄烨审改后，令将律吕、历法、算法三书合为一部，赐名《律吕渊源》，对中国古典文化的研究做出了重要的贡献。

三是奉母颐养，恪尽孝道，使皇太后安享晚年的颐乐生活。玄烨把孝庄文太皇太后和孝惠章太后请进畅春园，经常问安，不时宴请，奉母乘舟赏花，登楼放眼观景，以至皇太后“喜居郊园”，很少到封闭枯燥的紫禁城去居住。玄烨身体力行，展示和宣扬以孝治天下的立国之道。

四是憩息避暑，游乐赏景，使身心愉悦，以更充足的精力治理日益强盛的多民族的大清帝国。

康熙帝在畅春园的生活中，有几宗重大的事件，需要做较为详细的记述。

争夺储位事件

在康熙十四年（1675 年），玄烨将刚诞生不足两岁的允礽，册封为皇太子，他的生母是正宫皇后赫舍里氏。立储引起比允礽年长两岁的皇长子允禔的不满。允禔虽为长子，却因为是惠妃所生而无缘储位。在皇长子集团与太子党争储的争斗中，玄烨将允禔革爵拘禁。允禔并未死心，转而支持皇八子允禩夺取储位。由于允禩的控告和斗争，玄烨在康熙四十七年（1708 年）九月宣布:“允礽不法祖德，不遵父训，肆恶虐众，暴戾淫乱，专擅威权，纠聚党羽，窥伺圣躬。”将允礽拘禁，废黜其皇太子称号。

此时，允禩见时机已到便大肆活动，纠结了一大批王公大臣，如皇九子允禟、皇十子允䄉、皇十四子允禵，以及领侍卫内大臣阿灵阿、散秩大臣鄂伦岱、贝勒苏努、大学士马齐、礼部侍郎揆叙、户部尚书王鸿绪、苏州织造李煦等，形成一个势力集团，即“八爷党”。玄烨识破了八爷党的活动，果断地进行揭露，说：八阿哥允禩到处活动，妄博虚名，将朕所恩泽，俱归功于自己，这简直是又出了一个皇太子。如果有人胆敢称赞八阿哥好的话，朕当即就杀了他们。朕手中皇权岂容他人践踏！

不久，玄烨又将允禩锁拿，革去贝勒爵位，交议政处审理。

玄烨未曾料到，废黜皇太子会引起皇子争储的更激烈的斗争。为了平息争储的混乱局面，玄烨决定再次建储。康熙四十七年（1708年）十一月十四日，康熙帝召集满汉文武大臣齐集畅春园，当场面谕："朕身体近来虽然如往常一样，但渐觉虚弱，人生难以预料。今日的大清帝国江山，并非由朕所建，故关系甚大。因目前尚找不出能够替代朕来听理朝政的皇太子，由此导致朕心气不宁，精神恍惚……皇太子一事关系甚大，你们都是朕所信任的大臣，两军阵前，你们都能为朕冲锋陷阵，不怕牺牲。今日，朕召集大家来就是为皇太子一事。你们商议一下，这同样也是为朕效命的时候啊！现在，你们可以在诸阿哥中举奏一人，但大阿哥所行甚谬，虐戾不堪，就不要再保举他了。除他以外，你们无论推举哪位阿哥，朕即从之。"

康熙帝给大臣划好了候选人的范围后，接下来又规定了要求，即商议的时候，大臣们不许互相瞻顾，别有探听；汉大臣也应"尽所欲言"。随后，康熙皇帝说："议此事，勿令马齐预之。"

满汉大臣们便分班列坐，纷纷议论起来。很多人都以为，此事关系皇家事务，不好推举谁为皇太子。在众臣犹豫之时，八爷党便乘机活跃起来。内大臣阿灵阿鼓动说：刚才我们已面奉谕旨，务令举出一人。如果我们不推举的话，就是对圣上不尊敬。鄂伦岱、揆叙、王鸿绪等人也随声附和，并"与诸大臣暗通消息，书'八阿哥'三字于纸，交内侍梁九功、李玉转奏”。

一会儿，梁、李二位内侍出来，口传康熙皇帝谕旨："立皇太子一事，关系重大，你们应尽心仔细商议。八阿哥未尝办理过政事，近又获罪遭拘禁，且其母亲出身微贱，不宜立之为皇太子。你们应再三考虑一下。"

众大臣听到传谕以后，赶紧向两位内侍说，此事关系重大，“本非臣等所能定，诸皇子天资俱聪明过人。臣等在外廷，不能悉知。臣等所仰赖者，惟我皇上。皇上如何指授，臣等无不一意遵行。”由于大臣们摸不透皇帝究竟想立哪位皇子为储君，便不再表态了。

其实，玄烨心中仍是想复立允礽为皇太子。看到现在大臣们属意于允禩，便后悔当时锁拿允禩时，没有打击他的党羽。既然他们敢公然违旨保举允禩，这次要顺藤摸瓜，进行一次清理。而大臣们在得知皇帝的本意后，也觉得难以理解。既然让大家随意保荐皇太子，为何说了不算，出尔反尔？而八爷党的干将们更是愤愤不平。

康熙四十八年（1709 年）正月，玄烨召集领侍卫内大臣、尚书等满汉大臣，调查去年冬天推举皇太子一事，问："尔等何以独保允禩？……其日先举允禩者为谁？"他自问自答："我知道此事一定是马齐、佟国维授意于你们，你们才依意而议的。"马齐急忙争辩："那天会议此事时，臣奉旨'勿得干预'而避开，没有参加。诸臣所议情况，臣实不知晓。"皇上又问大学士张玉书，张玉书回答："会议那天，大学士马齐、温达比我先到。我问马齐应举荐谁？马齐当时说：'看大家的意思要推荐允禩。'于是臣等共同保奏了允禩。”康熙帝闻听大怒，指责马齐说：“此事明明是马齐暗中串联诸臣，你还不承认。如此大事，尚怀私意。你们谋立允禩，是否要结恩于允禩，以便今后依靠允禩为所欲为？”听罢皇上的谴责，马齐气愤至极，竟然拂袖走出大殿。

康熙帝见马齐如此狂妄，勃然大怒，第二天便以面忤皇帝罪，逮捕了马齐及其全家。开始马齐被判死罪，后来皇帝念其“任用年久”，免其死罪，送往允禩府中监禁。与此同时，马齐家人中，凡有官职者，一律革职。

此后，玄烨复立允礽为皇太子，又第二次将允礽废黜。立储之事使玄烨伤透了脑筋。经过认真总结经验教训之后，对建储一事持相当消极的态度，禁言建储并且不再立皇太子。

畅春园门前千叟宴

爱新觉罗·玄烨生于顺治十一年（1654 年）三月十八日。康熙五十二年（1713 年）值六十万寿大庆，玄烨自谓“屈指春秋年届六旬矣。览自秦汉以下，称帝者一百九十有三，享祚绵长，无如朕之久者”。（《康熙实录》）于是决定筹办隆重的万寿庆典。

从三月初一开始，自紫禁城北门神武门到西郊海淀畅春园，沿街 30 余里的御街，道路整修一新，平坦的路面上铺满细软的黄沙。御街分成 31 段，沿街搭建龙棚、经棚、彩坊、园林、戏台等，彩幡高竖，一派繁盛欢庆景象。

三月十七日，万寿节前一天，康熙帝奉皇太后自畅春园沿御道去京城内皇宫，一路上各省官员和王公大臣夹道罗拜，欢迎御辇。

在畅春园大宫门前，花洞迤东，过双闸，直到大宫门南方，建造了一座五色锦缯大彩墙，上结“万寿无疆”四个大字。彩墙左右，各建一座大彩坊。这里便是举办千叟宴的地方。

皇帝经过海淀镇，御道通过的地方，街道两旁的商店铺面整饰一新，并建起各种庆典建筑。在清梵寺，诸皇子在寺内建造万寿经坛，有演剧彩台一座，旁竖两根幡竿。寺门前结扎了一座巨大的彩坊，上书对联：

普天共效三多祝

大地齐呼万岁声

在太平庄，是直隶九府大臣、市民庆祝万寿的界道和区域，路旁有通州回民进鱼的标识。回族民众 100 余人，陈鱼于道左，象征着圣寿有余，吉庆有余，年年有余。

穿过一座彩坊，路左有一座演剧大彩台，台前彩旗飘扬。这是淮扬地区臣民的祝寿场所，有一座淮扬徐沿河耆民和官兵建造的黄幛彩坊，坊上书写：

圣驾临视河工，指示方略

小民丰衣足食，感戴天恩

彩坊前一座万寿亭，亭内陈放着进献给皇上的精绣龙袍帽袿，还有许多地方的土特产。大街对面有相似的陈设，那是漕河旗丁们进献的礼品。

从黄幛彩坊前行，是夹路彩廊悬挂绘制的《耕织图》。彩廊长达 40 楹，每楹有玄烨御制《耕织图》题诗一首，并一幅图画。绘有与织女和农夫有关的农桑故事，全部是用精致的丝绢绣成。

走过葡萄长亭和百蝶小轩，御道向东南倾斜。这条斜街上点景集中在小关帝庙、兴隆庵和皇庄关帝庙。

小关帝庙设有经棚，庙前是一座气势恢宏的龙棚，龙棚前彩坊上书写“寿齐天地”四个大字。彩坊左右是鼓亭。庙西搭一座像歌台，表演激越豪放的甘凉西域音乐歌舞，却以演唱北方曲目开场，以童子表演结束。小关帝庙以东，街道两侧赫然耸立着两座巧夺天工的彩坊，左坊书“鸾翔凤翥”，右坊书“日升月恒”。

兴隆庵有天文和算法方面的臣工建造的庆寿经坛。庵前建一座火树银花灯坊，五光十色的炫目灯光映照出一幅红彤彤的对联：“百生逢此日，万寿愿齐天。”灯坊左右是对称的两座灯楼，灯楼内万灯齐明，射出一缕缕的强光，在天空中聚集成“万寿”二字。灯棚东边是一座表棚和一座“节节高歌台”，一座连像歌台和一座雕木演剧台。歌舞表演以童子叠罗汉为压轴好戏。

通过有 60 丈花栏卫护的杏花村，就来到了皇庄关帝庙。庙旁有一座松亭和 100 余丈长的松墙。春风吹动松枝，散发出阵阵清香。

在松墙的对面路左，建造起一座凌空耸立的鳌山重台，高四丈五尺，台周 21 丈。下台为剧台，演出喜庆祝寿剧目；上台为歌台，演出节节高节目。重台前是一块牡丹圃和一方荷花池，鲜花盛开，锦鳞游泳。重台后是一座高高的假山，山坡绿草如茵，林木葱茏。

这些由缯布和丝绸精巧制成的花草林木，栩栩如生，几可乱真。假山前修建一座御台，是直隶臣民恭迎皇帝的接驾处。街道两侧分别建立“多士嵩呼”和“老人华祝”彩坊。

在路左“多士嵩呼”彩坊前，修建了一座高五丈五尺的三层“万寿宝阁”。造型独特，气势宏伟，描金绘彩，装饰华丽，颇具皇家气派。阁前是一座华美绝伦的“日华云烂”彩坊。坊侧是两道长长的描金彩屏，描绘着丰富多彩的山水人物和亭台楼阁。彩屏下依次蹲踞着六只高一丈二尺的彩狮，英武雄壮，生动逼真。

从彩狮前行，路右建一座金碧影壁，书写金地红字“天子万年”四个楷书大字。影壁左边是包衣上三旗大臣恭建的庆寿龙棚。棚外幡竿上飘扬着彩幡。御辇走过一座演剧台和两座夹道彩坊，这才走出了海淀镇，向高梁桥和京城前进。

康熙帝进城第二天，三月十八日生日这天，在太和殿接受文武百官和致仕官员的庆贺礼。皇帝特颁恩诏，分别赏赐年龄在 70 岁以上的寿星：给予 100 岁以上的寿星老建立牌坊；70 岁以上者许一丁侍养，免除各项杂派；80 岁以上者赏赐绢一匹、棉一斤，米一石，肉十斤；90 岁以上者，赏赐加倍。

康熙帝还颁诏：二十五日在畅春园前宴会直省老人，二十七日宴会八旗老人，二十八日赐宴八旗年老妇人于畅春园皇太后宫门前；并令宗人府选择宗室子孙内 15 岁至 20 岁、人品聪慧者六七十人，在老人宴上敬酒。

这时，从全国各地来京城为皇帝祝寿的 65 岁以上的老人，多达数千人。这些寿星包括：直隶 3214 人，江南 236 人，浙江

387人，湖广46人，山东161人，山西99人，河南23人，福建26人，江西33人，广东24人，广西4人，陕西18人，云南2人，蒙古9人，以及四川、贵州等地的老人。这数千老人齐聚皇宫午门外叩祝万寿，在皇帝去畅春园的路旁跪送；他们也是皇帝在畅春园宴请的宾客。

三月二十五日那天，礼部官员引领65岁以上直省老人，到畅春园大宫门前，东西向列坐，自北而南，敷席设几。东坐西向的，首席是大学士李光地、吏部尚书吴一蜚、户部尚书张鹏翮等23人，其余依次是直省耆老二千余人。西坐东向的，首席是致仕吏部尚书宋荦、致仕吏部尚书徐潮、原任户部尚书王鸿绪等25人，其余依次是直省耆民二千余人。

宴会开始，领侍卫内大臣、公阿灵阿传宣圣旨："今日之宴，朕遣子孙与尔等分颁食物，执爵授饮。当颁食授饮时，勿得起立，以示朕养老尊贤之至意。"宴会执事人员依次陈设美味佳肴，八珍御品，珍馐野味，百果之盘，六谷之饭等，一一摆上餐桌。领侍卫内大臣、侍卫、部院官员、内廷翰林人等，往来劝酒，前后左右无不敬到。衣着光鲜的宗室子弟，手执酒杯，敬酒助兴。

南书房翰林手捧御书圣谕，当众宣读，谕各直省老人："文王善养老者。《孟子》云：七十者非帛不暖，非肉不饱。帝王之治天下，发政施仁，未尝不以养老尊贤为首务。近来，士大夫只论做官之贤否，移风易俗之效验，所以不暇讲究孝悌之本心。朕因今日之会，特宣此意，若孝悌之念少轻而求移风易俗，其所厚者薄而薄者厚矣！尔等皆是老者，比回乡井之间，各晓谕乡里，须先孝悌。倘天下皆知孝悌为重，此诚移风易俗之本，礼乐辞让之根，非浅鲜也。”

圣谕宣读完毕，耆老欢欣鼓舞，拜贺皇帝万寿。

诸皇子率诸皇孙及宗室子弟 50 余人，亲执酒爵，为众老人敬酒，佐以名茶。众人愉快地畅饮。

此时，康熙皇帝身穿绣绘“万寿”字的龙袍，满面春风，从御幄中慢步走出，向寿星们问好。老人们高呼万岁之声浩如山海。

皇帝看见 80 余岁的宋荦和诰封户部尚书张烺等人，他微笑着让近侍将这几位熟悉的老臣扶到御座前，亲赐御酒，一人一杯，祝众老臣长寿。老臣们喜泪交集，共祝皇帝万寿无疆。皇上又命皇孙将江南庄兴国等 90 岁以上的耆民数人，扶掖到御座前，亲赐御酒，祝众寿星健康长寿。众寿星祝贺皇帝万岁万万岁。

大学士李光地等人跪奏说：“圣寿前逾月晴和，圣寿后应时雨泽，皆由皇上大德，上格天心，百祥协应，臣等不胜欣跃。今蒙恩赐宴，遍及臣民，天潢执爵，宠遇非分，诚旷古未有之隆施也。”

致仕吏部尚书宋荦、徐潮等人也跪奏说：“臣等违觐天颜，近者数年，远者十数年，今见皇上精神倍于从前，真是法天行健。蒙恩赐宴，恩礼隆重，万国臣民，人人感激。惟愿自今以后，十载一来，庆贺万寿无疆也。”

皇帝非常高兴，当日传旨赐赏大臣、耆老：李光地、王原祁、吴一蜚、宋荦等 12 人，暖帽各一顶，团龙缎袍褂各二件，松花石砚各一方。张烺、田种玉、刘一葵、秦松龄、崔征璧，以及张鹏翮、徐潮、王鸿绪等人，也各有赏赐。李光地等率众叩谢龙恩。

三月二十七日，是宴请八旗老人的日子。那天，礼部等衙门引八旗满洲、蒙古、汉军65岁以上老人，大学士以下闲散人等以上，至畅春园正门前东西向列坐。东坐西向的，有内大臣和硕额驸尚之隆、内大臣公舅舅佟国维、领侍卫内大臣公海金等100余人，次列耆老二千余人。西坐东向的，有原任领侍卫内大臣公阿尔泰、原任尚书马尔汉等300余人，次列耆老二千余人。

宴会上，仍由皇帝赐酒，诸皇子率诸皇孙及宗室子弟执爵授饮。

"于时，瑞霭细缊，惠风披拂，大和翕聚，欢若家人"。内大臣尚之隆等向前跪奏："臣等生逢盛世，身受殊恩，如天之福，惧不能胜，未知何以仰合高厚于万一也。"皇上也向众八旗大臣和耆老颁赐衣物和银两。

三月二十八日，康熙帝和皇太后在畅春园皇太后宫门前，赐宴八旗年老妇人，并赐衣物和银两。

畅春园千叟宴后，与宴的官吏和致仕大臣纷纷写诗赞颂，祝皇帝万寿无疆。王鸿绪写有《万寿颂》，他在《万寿颂序》中写道："皇帝御极之五十二年春三月，为六十万寿之辰。王公卿士、四裔列藩之长，云集天阊，踊跃欢忭，共效嵩呼，薄海内外黄童白叟以及妇人女子，莫不巷舞衢歌，家讴互颂。臣鸿绪夙添九列，兼直内廷，仰睹圣天子盛德神功，旷古无两。兹虽全伏里闾，而咏歌太平，实臣职分，用敢率先南省耆民匍匐辇下，敬奉万年之觞。"怀着同样的感恩之情，张鹏翮写成二首七律《万寿诗》，其中一首为："太平天子寿无疆，万国嵩呼玉历长。久道化成逢节令，梯山航海共称觞。笙歌彻路迎先仗，朝野欢欣祝圣皇。此日龙颜真有喜，万年朝色满朝堂。”

在这万寿节的祝寿声中，康熙帝的皇子们也都写了祝寿诗。他们在《万寿诗序》中写道：“岁惟癸巳，时届艳阳，我皇父御极之五十二年，正圣寿嵩龄六旬花甲。臣等拟山呼而致祝，效莱舞以承欢，仰一人之有庆，愿万寿之无疆。仅各为诗三章以献。”其中诚亲王允祉在《万寿诗》中写道：“华渚虹流景运开，中天云物正昭回。北辰环见诸星拱，南极光连帝座来。品类欢心归寿域，乾坤佳气满春台。万年枝上宫莺啭，惠日和风遍九垓。”雍亲王胤禛的《万寿诗》写道：

紫禁春深丽景融，
蓬莱仙仗五云中。
瞻天有喜承颜近，
祝寿无疆拜手同。
满献尧樽凝瑞露，
和鸣舜乐应熏风。
待看甲子周千亿，
共指南门比寿崇。

南极星依玉座明，
寿昌有象瑞光呈。
华封早献三多祝，
嵩岳遥传万岁声。

四海永清绵历祚，
一人有庆高升平。
普天率土祯符集，
会见彭祖进雉羹。

在这次畅春园千叟宴十年之后，康熙六十一年（1722 年），玄烨已届 69 岁高龄。就在位时间而言，跃居中国历代帝王之首。前代帝王所竭力追求而很少能够实现的，《尚书·洪范》中记载的寿、富、康宁、攸好德、考终命等所谓“五福”，对康熙皇帝而言，都已变成现实。玄烨在位期间，国家由乱而治，不独幅员辽阔，而且政局稳定，人口增长，经济发展迅速，文化繁荣，中国社会出现了少有的太平盛世局面。在这年三月二十三日和二十四日，又在畅春园举办“千叟宴”。参与宴会的朝臣官员和士庶人等，以及八旗满洲、蒙古、汉军大臣官员、护军兵丁、闲散人等，年过 90 岁者 40 人，年过 80 岁者 630 人，年过 70 岁者 3217 人，年过 65 岁者 2858 人，总计 6745 人。

宴会开始后，凡 80 岁以上的老人，均令人扶至御座前，由皇帝亲视饮酒。皇上还令他的十几位皇子全部出动，向老人们颁赐食品。10 岁至 20 岁的皇孙和宗室子弟则执爵授饮。宴会结束后，又各赐银两，资送回乡。

几天以后，又召集八旗年老妇人齐集畅春园太后宫宴饮，并御赐彩缎和银两。

在一系列的万寿节宴会之后，玄烨心满意得，不觉诗思泉涌，吟成一首《千叟宴》诗：

万里山川积素妍，
古稀白发会琼筵。
还须尚龄勿尊爵，
且向长眉拜瑞年。
莫讶君臣同健壮，
愿偕亿兆共昌言。
万机惟我无休暇，
七十衰龄未卸肩。

玄烨在畅春园病逝

康熙皇帝是一位英明君主，很多棘手的政务他都能得心应手地妥善处理，唯独废立太子的事把他折腾得焦头烂额，伤透了心，这严重损伤了他的健康。康熙五十六年（1717年）十一月二十一日，大病中的玄烨，将诸皇子、满汉大学士等官吏，召至乾清宫东暖阁，颁布了情辞恳切的长篇谕旨。自称近来身体多病，心神恍惚，身体十分疲惫，起卧行走如无人扶持就感到困难。还说，他现在身患重病，怔忡健忘，心中十分害怕处理事务时以是为非，办错了事。康熙五十七年（1718年），玄烨说他稍微早起就“手颤头摇，观瞻不雅，或遇心跳之时，容颜顿改”。康熙五十八年（1719年）四月，他又说自己“气血渐衰，精神渐减，办事感觉疲惫，写字手亦微颤”。康熙六十一年（1722 年）春，巡视畿甸，省方问俗，察吏安民；夏天又北巡塞外，九月底回到北京后，又忙于处理各种政务。他的心血快被耗尽了。

康熙六十一年（1722 年）十月二十一日，玄烨又赶往南苑行围。因连续多日劳累，身体更加虚弱，又时值隆冬，遂感受风寒。十一月初七日，玄烨返回畅春园医治疾病。按照惯例，十一月十五日冬至节时，皇帝须亲往南郊举行祀天大典。因正患病，令皇四子雍亲王胤禛代行祀典，并令他预先斋戒。这月初十、十一日、十二日，胤禛在斋戒期间，曾经几次遣太监、侍卫问候父皇病情，玄烨也只随意回答：“朕体稍愈。”十二日深夜，玄烨的病情急剧恶化。夜半刚过，急召皇四子胤禛于斋所，命他速回畅春园，南郊祀典改派公吴尔占恭代。同时，又召皇三子诚亲王允祉、皇七子惇郡王允祐、皇八子贝勒允禩、皇九子贝子允禟、皇十子敦郡王允䄉、皇十二子贝子允裪、皇十三子允祥，理藩院尚书隆科多等，齐至清溪书屋御榻之侧，宣布了皇位继承人，说：“皇四子人品贵重，深肖朕躬，必能克成大统，著继朕即皇帝位。”其时，皇五子允祺冬至往孝东陵行祭礼，没能即席聆听遗诏。皇十五子允禑、皇十六子允禄、皇十七子允礼、皇二十子允祎，因年龄和地位关系，在寝殿门外恭候，不能进内听训。这时，皇四子胤禛从斋所赶来，趋前问安。康熙帝又告以自己病情日增的状况。胤禛只好含泪对父皇进行劝慰。

玄烨的生命走到了尽头。就在当天（十三日）夜间，这位一代英主便在畅春园清溪书屋逝世了，享年 69 岁。

当夜，在诸皇子和理藩院尚书、步军统领隆科多的严密护卫下，将皇帝遗体从畅春园运到紫禁城乾清宫，后来安葬于清西陵景陵。十一月二十二日，胤禛御太和殿登基，是为清代第三位皇帝——雍正帝。

附园西花园

西花园是畅春园的附属园林，紧邻畅春园西墙外的南部。花园呈扁方形，东西较宽而南北稍窄。南园墙外为海淀通往牛栏庄的大道和成片稻田。东南角园墙外有一座建于明代的关帝庙，俗称双桥寺，寺东便是菱角泡子。西墙外是牛栏庄村东的大面积稻田。北园墙外，隔一条万泉河支脉便是横贯东西的马厂。

西花园的建成年代

西花园建成于康熙年间，但其具体年代，官书和私家著作都不见记载。根据一些历史资料推断，西花园修建于康熙二十七年（1688 年）至二十九年（1690 年）之间。

故宫博物院明清档案部编《关于江宁织造曹家档案史料》一书内，载有康熙五十一年（1712 年）十一月十二日《内务府奏乌罗图查算西花园工程用银不实应予议处折》。此折记载了前内务府郎中、后放分司的乌罗图，依照工程丈量，逐一查对，详细核算内务府郎中曹寅主持修建西花园工程时所花费的银两总数。这件内务府的奏折写道：

总管内务府谨奏：为请旨事。

康熙五十一年正月二十日，分司乌罗图具奏，曹寅在修建西花园房屋、挖河、堆泊岸等项工程，共用银十一万六千五百九十七两九钱七厘。等因。奉旨：交内务府总管查奏。钦此钦遵。经将分司乌罗图之销算册，依照修建工程核算，实际用银多出八百六十六两余。再，修建房屋、亭子、船只、雨搭、帘子等项，又用银七万七千八百八十五两余。等因具奏。奉旨：着依奏。钦此钦遵。

内务府总管大臣赫奕的上述奏折说明，曹寅（《红楼梦》的作者曹雪芹的祖父）曾主持修建西花园的工程，总共销银

195348 两。

曹寅在康熙二十四年（1685 年）至二十九年（1690 年）曾任内务府郎中。从康熙二十九年（1690 年）四月曹寅被康熙帝任命为苏州织造，直到康熙五十一年（1712 年）七月在江宁织造任上去世，一直在江浙工作而未回北京任职。可以断定，曹寅修建西花园的事，必定在内务郎中任上，即二十四年（1685 年）至二十九年（1690 年）之间。

康熙帝从二十六年（1687 年）二月开始，正式驻跸刚修建完工的畅春园。二十七年(1688 年),玄烨将他的保姆文氏的儿子、曹寅的妻弟、时任宁波知府的李煦，调回北京担任第一任畅春园总管大臣。文氏与曹寅的母亲孙氏同为玄烨儿时的保姆，曹寅与李煦是舅表亲戚,同是皇帝的亲信近臣,是政治上的盟友,具有“一荣俱荣，一损俱损”的亲密关系。此时，玄烨委派曹寅负责修建西花园的工程，与李煦合作，工程完竣后，西花园即归李煦管理，这是很合乎情理的。另外，在修建畅春园的过程中，不大可能同时修建西花园，此园应是在畅春园竣工后才动工修建的。况且，曹寅任内务府郎中时，开始是任慎刑司郎中，与建园之事无关；后来任会计司、广储司郎中时，才有可能去负责修建御苑的工程。据此，我推测很可能是在康熙二十七年（1688 年）至二十九年（1690 年）之间由曹寅主持修建了西花园。

康熙年间的西花园

西花园的占地面积，据样式雷图档《西花园现查情形》记载，为“一顷四十二亩三分六厘”，即 142. 36 亩。另据样式雷《西花园画样》显示，西花园是一座水景园，万泉河水从南园墙的西端进水闸流入园内，在花园中部和偏南一带形成一座横跨东西的湖

清代三山五园图中的畅春园及其附园西花园

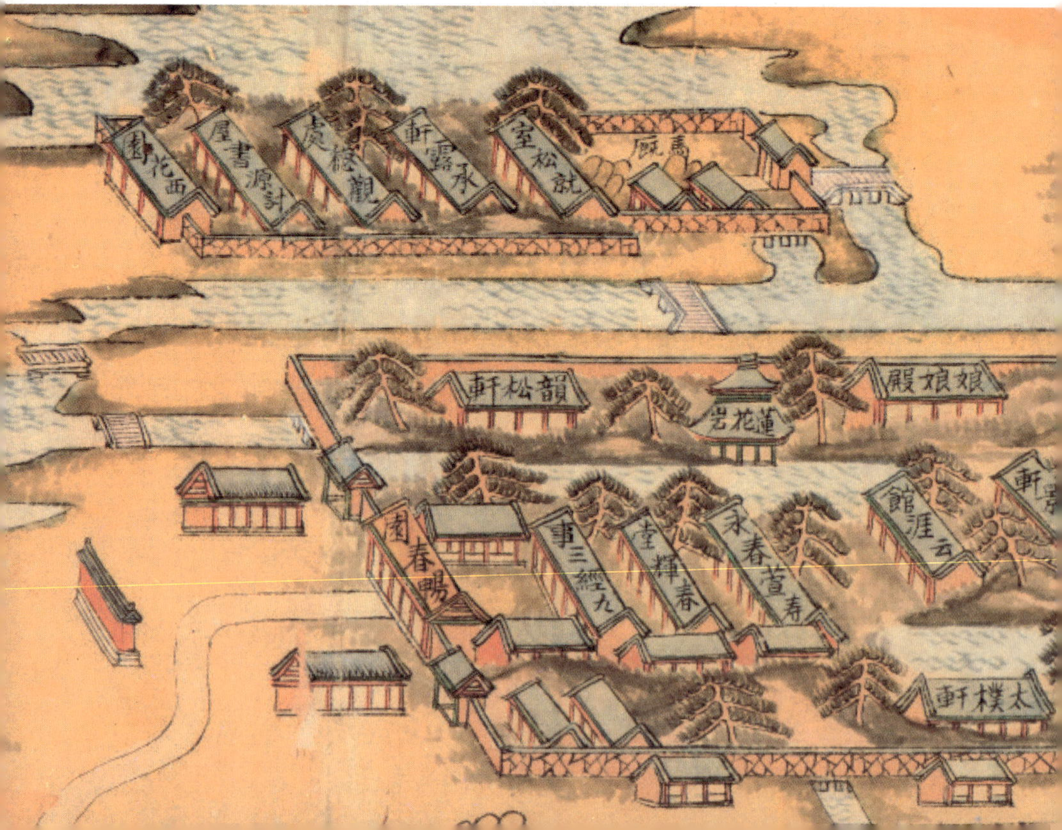

泊。湖西部有从北到南三座横向小岛。湖东部从湖东岸到湖中心，有一座长长的半岛。湖水从东园墙的南端和北端两个出水口分别流出园外，或注入马厂诸渠，或分别流进畅春园和蔚秀园，再经虹桥和春熙院东流，入注清河。花园东部靠园墙有一带连绵的假山，假山在北端顺小溪往西延伸，拐弯处有一道山口，通向东北角的平房。园西部在西园墙与荷花池之间，也有一道假山，假山上下，植有松柏、山桃和竹林，以及名贵花卉，把幽静的庭园装扮得古朴素雅又瑰丽多姿。

西花园的主要建筑，是建于半岛西端即小湖中心的讨源书屋。据样式雷《西花园地盘画样》所示，讨源书屋坐北朝南，进入南

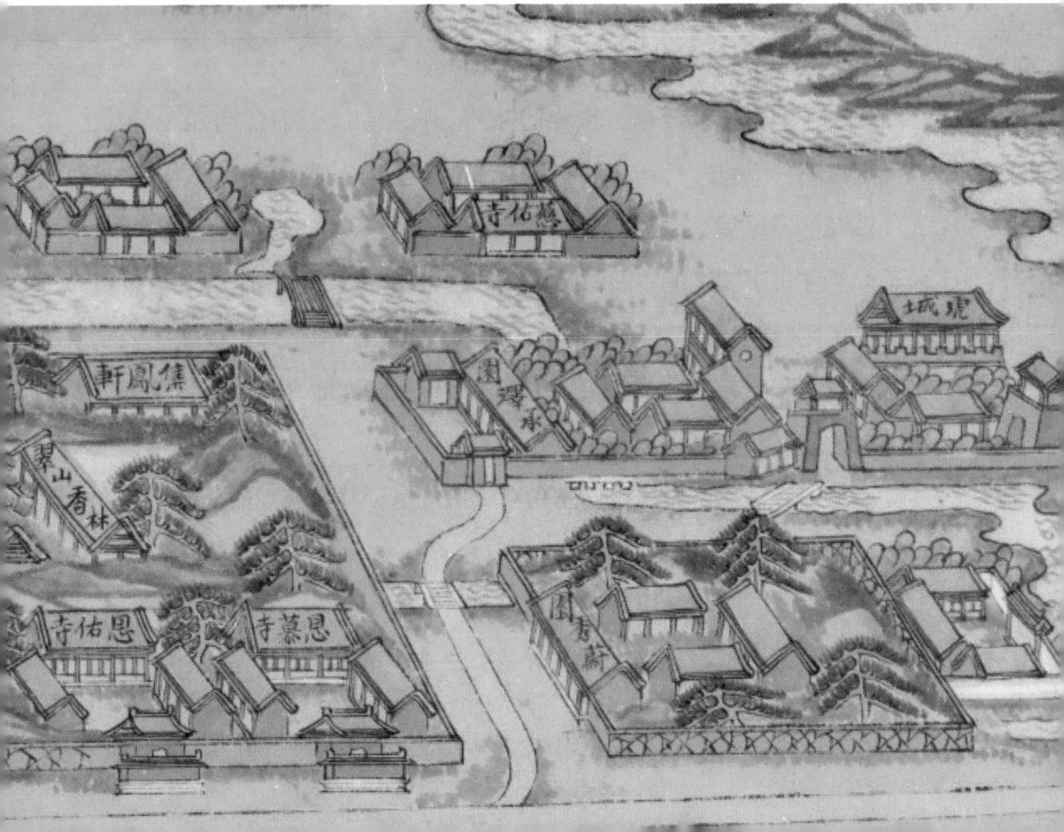

院墙中部的五楹宫门后，院内有东西朝房各五楹。再进二宫门，五楹正殿即讨源书屋，门额为康熙御书。弘历《讨源书屋》诗写道："书屋碧溪边，煌煌圣藻悬。询安常憩此，抚景每思前。"可见康熙题额，到乾隆中叶还悬于门楣。书屋左室五楹，额题为"千峰出翠微"。再后敞宇为"观德处"，三处额题皆为康熙御书。

花园南部荷花池畔，建有南、东、中、西四所。南所门三楹，东廊门内正室九楹，西廊门内正室五楹。东所在南所之东，正殿五楹，西廊门内正室二层，再西正室七楹。中所正殿五楹，东西廊门内各有一座二层正室，都是三楹，东廊门内还有正室三楹。西所正殿五楹，西廊门内正室二层。

园西南门内有承露轩，后轩为就松室，东有龙王庙。

据样式雷图文档案记载，西花园共有殿宇大小房 74 间。

园西北有门，即西花园的大北门，门外是马厂。西花园的正门为南宫门，门前为通向畅春园大宫门的大道。

西花园建成后，成为皇太子和诸皇子居住与读书的地方。皇太子允礽住进了园内的主殿讨源书屋，这里也是他的书房。其他诸位皇子则分别住进荷花池畔的南、东、中、西四所。每当康熙帝驻跸畅春园时，皇太子和众皇子即随父皇来到海淀，住进西花园，在这里读书和生活。

西花园建成后，玄烨曾到园内看望诸位皇子并赏花观景，写下一首《畅春园西新园观花》：

春光尽季月，花信露群芳。

细草沿阶绿，奇葩扑户香。

寸心惜鬓短，尺影逐时长。

心向诗书奥，精研莫可荒。

玄烨到西花园赏花，由花及人，写出赏花的心情。三月春光将尽，春花按花期纷纷绽放。沿阶的细草长得绿油油的，奇花的香气扑进门窗。时间飞驹过隙般的短促，要珍惜和利用宝贵的时光。要心向诗书深奥的道理，精心钻研，千万不可虚掷光阴。玄烨是到西花园赏花的，这里居住的皇子也是花。由植物界的花联想到人间的花，由花开花落联想到时间的易逝，从而勉励后辈要抓紧时间，努力学习。透过这短短的诗句，可以看到康熙帝对皇子们迅速成长的热烈期盼，对他们能继承帝业、建设强大国家的殷切情怀。

西花园因系畅春园的附园，其园务一直由畅春园总管园务大臣管理。康熙四十三年（1704 年），单独设置了管理官员：西花园总领二人，副总领八人，笔帖式二人。

到康熙四十六年（1707 年），除皇太子允礽和皇长子允禔外，24 岁的十阿哥允䄉以上的七位皇子，都已经长大成人，其中胤禛、允祺、允祐、允禩已于康熙三十七年（1698 年）被封为贝勒，内务府奏请于畅春园附近为各位皇子单独建园。皇帝诏准后，于当年建成七座皇子赐园。皇四子胤禛迁出西花园后住进圆明园；皇九子允禟住进彩霞园；另五位皇子也迁出了西花园。仍留住在西花园的有皇十三子允祥、皇十四子允禵、皇十五子允禑、皇十六子允禄、皇十七子允礼等。这些皇子们在以后的年月里，不少人卷进了争夺皇位的争斗，以致酿成了骨肉相残的旷世悲剧，这是专注于皇子教育的玄烨所难以料想到的。

乾隆年间的西花园

进入乾隆年间以后，弘历沿袭其父皇雍正帝的惯例，仍以圆明园作为御园，一年中一半以上的时间住在圆明园，并在此上朝理政。而将畅春园作为奉养其生母孝圣皇太后的御苑。皇太后常年住在寿萱春永殿，也曾在园内的凝春堂、集凤轩和蕊珠院居住。

弘历经常去畅春园向皇太后请安，请安后即在园内的无逸斋、集凤轩、观澜榭和西花园的讨源书屋休憩、传膳和视事理政。乾隆十七年（1752 年），皇太后在畅春园居住了 213 天，弘历莅园向皇太后问安多达 50 次。又如乾隆二十一年（1756 年），弘历莅园向皇太后问安 33 次，并在西花园讨源书屋进早膳、引见官员和视事 19 次，在集凤轩驻跸两次。

弘历从乾隆六年（1741 年）四月开始写《诣畅春园皇太后宫问安》诗，直到皇太后去世前两个月的乾隆四十二年（1777 年）十月写最后一首畅春园问安诗《诣畅春园恭问皇太后安遂驻御园有作》，先后共写此类诗作 54 首。

弘历问安后经常到西花园讨源书屋来。他从乾隆七年（1742 年）开始写关于讨源书屋的诗，第一首诗为《讨源书屋恭瞻皇祖御笔》，内容如下。

廿年春色闷灵园，
徙倚空园岁月奔。
两过药栏花解笑，
风迥琴沼水添痕。
璇题耀日瞻飞白，
绮席当秋想弄孙。
心法从来含治法，
讨源深愧未穷源。

从此时至孝圣皇太后去世前半年的乾隆四十一年（1776年）五月，写最后一首关于讨源书屋的诗《夏日讨源书屋》，弘历在这三十四年间共写了70首关于讨源书屋的诗。可知乾隆时期的西花园，是弘历到畅春园向皇太后问安后的憩息、进餐和理政之所。弘历自己写道："是处地近畅春园，皇太后问安之便，率传膳视事于此。"皇太后去世后，弘历不再到畅春园问安，便再也不到西花园，再也不写有关西花园的诗了。

弘历在一些诗篇中，记载了他在西花园处理政务时的情况。《讨源书屋对雨》写了四首七绝，其三写道："传餐以罢咨朝政，批答封题不厌详。阁部诸臣恒宴见，今朝都觉喜逾常。"他在这里详批封题，宴见臣僚，抓紧时间处理朝政，虽然忙碌，却比平时心情喜悦。因为"年来愁喜壁诗记，惟是协时阴与晴"。天气的阴与晴是决定愁与喜的主要原因，因为那天下了雨，使得"麦收禾黍润新膏，水足稻塍免桔槔"，稻田里积满了雨水，不需要再从井里提水灌溉了，自然满心欢喜，比平时高兴多了。

弘历在雨天处理朝政，还在雨中校射。乾隆二十三年（1758年）六月的一天，弘历在畅春园向皇太后问安完毕，来到西花园办理政务后，想趁此闲暇观看从官和侍卫校射。虽然密云已布满西山，还是不想停止演练。谁知“抨弦发羽不数队，须臾飞点倾滂沱”，竟然下起了大雨。这使他想起了前年（丙子）到热河避暑山庄出塞行围时，在雨中校猎的往事；又联想到八旗雄兵在讨伐顽敌时，冒着酷热和暴雨勇敢征战的情景，下定决心“习武那辞蒸陟波”！即使长时间淋在倾盆大雨中，也要继续校射。演练结束后，弘历对“是日因校射澍雨霑衣从臣及命中者，亦各赐纱”。弘历为了奖励那些雨中校射的臣子和侍卫，各奖励一匹宫纱。此时雨仍未停，但雨后万泉河水猛涨，正好行船，弘历乘舟从西花园出发，穿过永宁寺前盛开的荷花丛，在洗去炎蒸的清爽空气中，返回了圆明园。弘历在《雨中泛舟自讨源书屋归御园》诗中，记述了这段史实。

弘历对讨源书屋的殿名非常重视，曾专写一篇《讨源书屋记》，悬于殿壁，进行深入的探讨。他对讨源书屋的环境作了概括的描绘：“畅春园之西有屋数楹，临清溪，面层山，树木蓊郁，既静以深。溪之藻匪蒲伊荷，山之禽匪哓伊歌。”这座讨源书屋，近临清溪，远对层山，松柏常青，竹树蓊郁。溪塘中的水藻非蒲即荷，假山上的飞禽非鸣即唱，这是一个多么幽静又深窅的环境啊！从表面上看，这西花园简直就像陶渊明描绘的桃花源。弘历在《春暮讨源书屋》一诗中，也确实将西花园称作桃花源。此诗将西花园的暮春描写得生机盎然，景色优美。身在松轩，透过杏牖细观园内美景，“错锦红围岸，铺茵绿到阶”；方才还在小阁凝神而坐，此刻又步蹀越过平桥，“水边新柳线，雨后远山螺”，眼前是一派江南景色，“比似江南景，诗人道若何？”这当然是一句肯定式的反诘。诗人在清静的山林间穿行，狎鸥闲步，驯鹿可扪，路旁桃林绽红，溪水漫流，这里无疑就是武陵源了！讨源书屋竟是建在桃花源中。弘历写道：

寄兴烟霞外，游神竹素园。
研精因得趣，契理亦忘言。
鸥狎心无竞，鹿驯手可扪。
桃花林夹路，此是武陵源。

但是，弘历在《讨源书屋记》中，对讨源即桃源的说法作了明确的否定。他写道："盖尝深维讨源之义，岂以其据浑浑之泉府，似窈窈之洞天，骚人寓意所为武陵花源之比也哉！”弘历在这篇文章中断然摒弃“怡情山水之为益”的说法，继而进行了深入的探讨。

弘历在讲到“讨源”的意义时写道："额之楣讨源，则我皇祖摛天文而垂擘窝也。昔予小子日侍清宴之所，今以问安视膳之暇，亦每憩此，咨政抡材。肯构继志之衷，久而弗敢懈。”原来弘历所讲的“讨源”，就是继承圣祖玄烨的遗志及其帝业，学习和实践“正心、修身、齐家、治国、平天下”的知识和理论，咨政抡材，建设富强的大清帝国。

然而，弘历对自己的学习和实践并不很满意。从他第一首讨源书屋诗的结句："心法从来含治法，讨源深愧未穷源”，到最后一首讨源书屋诗的结句："讨源竟何若，所愧尚迷津"，都用了一个"愧"字。弘历在乾隆十三年（1748 年）七月莅临西花园，园内一派夏末秋初风光。红桥碧水，荻雨荷风，风过竹韵，雨余荷香，何等醉人的佳景。然而抬头看见"讨源书屋"的圣祖题额，引发了他的诸多联想。他在《讨源书屋》诗中写道：

雨余荷气迎人馥，
风过竹声似管繁。
佳景便教成即景，
讨源终愧未穷源。

又是一个"愧未穷源"，可见弘历时刻想着治理大清帝国中的缺憾和不足，希望国家更强盛、富足、安定。

弘历在他的诗篇中，对西花园的四季风光作了生动的描写，使人们对西花园的感知更具体、更形象化了。西花园之春，我们在前引《春暮讨源书屋》中已有些了解。西花园之夏则是另一种风情：

苔纹芝篆绿侵坳，
避暑轩棂豁且庨。
每对南风思舜曲，
从知大地总羲爻。
有源活水成琴弄，
不尽青竿杂珮敲。
愧我未探书径路，
拟将吟兴自今抛。

诗人到这座高峻豁亮的水轩来避暑，假山和石阶都生满了绿色的苔藓；流淌的泉水奏响悠扬的琴声；风吹翠竹发出的鸣响和着敲击玉珮的清脆乐音。可惜我还没有摸清读书的门径，我会舍弃吟兴不再写诗嘛！

夏季多雨，晴雨更能牵动诗情。《讨源书屋对雨》写道："乍见庭凹起泡影，更闻闸口落泉声。片时西北旋开朗，宜麦宜禾总惬情。"诗注写道："是时麦将收宜晴，禾初苗宜雨。雨而即晴，实惬农望。"农望指农民的祈望，也是指农田中的禾苗和成熟的庄稼之所需，也是诗人之所盼。大雨后很快透出青天，既有利于麦收，又有利于夏种，这是让所有的人都高兴的事。

深秋的西花园，虽然略带萧瑟，但仍给人清朗寥廓的感觉。书屋窗外是一幅秋天的图画，淡霭寒烟笼罩着白鹤漫游的池塘；

在西花园遗址上新建的海淀公园今貌

树叶在晴空里无声地飘落，袒露出高低起伏的光秃的山岭。重阳节快到了，高兴地将傲霜的黄菊插在精致的胆瓶里；泉流的声响冲走了心头的烦虑。这正是倾心读书的大好时光啊。辽阔的天空看不到一丝荫翳，真想插上双翼，在无垠的长空里翱翔。诗人把眼前的风光和思绪凝结在《深秋讨源书屋》一诗中：

淡霭寒烟罨鹤汀，
水轩秋色满疏棂。
谢时绿叶难遮岭，
及节黄花喜插瓶。
书遇会心皆可读，
泉能蠲虑剧堪听。
寥天极目无纤翳，
吾与长空共窅冥。

初冬的西花园，已是寒气袭人，空阔寥落但仍不乏生机：“萧斋构重隩，秋老山容古。鉴池霜后澄，潜鳞俯堪数。明窗向暖曦，氍帘垂我户。”书屋建在水涯深曲之处，假山上下草木凋零。但明镜般的池塘在霜降后更显澄清，连水底的游鱼都历历可数。和煦的阳光从玻璃窗透射进屋，送来丝丝暖流，毛织的厚帘已经挂在殿堂的门槛。正是在这种环境中，可以“优游翰墨林，黾勉诗书圃”，进一步探讨治国的学问了。

西花园的四季风光是如此美好，但弘历在生母去世后，便永远告别了这座近在咫尺的御苑。

此后，西花园也与畅春园一样，逐渐衰落废弃了。

衰落、焚毁与遗址现状

康熙帝逝世以后，雍正帝即位。胤禛的赐园是圆明园，他决定扩建圆明园，增建上朝听政等宫廷建筑，使之成为新的御园。恩佑寺的修建，标志着畅春园全盛时代的结束，它不再是朝廷政务活动的中心，其御园的政治功能已经被圆明园所取代。

闲置与衰落

雍正年间，畅春园仍是一座御苑，其功能则不那么重要也不那么专一了。例如,它是胤禛瞻拜父皇御容之地。他在恩佑寺“奉佛以报慈恩”，“(雍正)四年三月恭奉圣祖仁皇帝御容于恩佑寺，自后月必展拜，或两诣三诣焉”。(《清通典》)又如，弘历原由皇祖赐居澹宁居后殿读书，雍正二年(1724年)移居园内中宫西侧的“闲邪存诚”作为读书之地，后来才迁移到圆明园长春仙馆。又如，据《国朝宫史》记载，雍正二年(1724年)，胤禛降谕命张起麟等人“将外围太监中之年力壮健者，挑选二百名，在畅春园赏房居住，令伊等学习弓箭、藤牌、鸟枪、枪、刀”，择优赏以职衔，“将来随朕出外分作两班宿卫，即驻跸畅春园时宿卫亦好”。胤禛将畅春园的空闲房间充做训练宿卫之地，而且准备在畅春园居住。

在乾隆年间，畅春园成为弘历奉养生母的“皇太后园”，其间曾进行过几次修建。一次是在乾隆四年(1739年)以前，为孝圣皇太后来园居住和他问安后进膳理事之用，将太后寝宫改建为春晖堂和寿萱春永殿，而康熙年间的“澹泊为德行宫”不见了；又对无逸斋重新修葺。另一次是在乾隆十二年(1747年)，为皇太后夏清避暑，修葺畅春园西路的凝春堂、蕊珠院和集凤轩。还有一次是在乾隆四十二年（1777 年）修建了恩慕寺。

在乾隆四十二年（1777 年）以前，畅春园得到了很好的保护和管理,安全保卫工作也很到位。据《大清会典事例》记载:“(乾隆）十年定，增设畅春园门汛为二十处，日以护军参领一人，副参领、署参领四人，护军、护军校二百人守卫。”

乾隆四十二年（1777 年），孝圣皇太后去世，但乾隆帝仍将畅春园定为“皇太后园”。他在这年正月二十九日召见大学士舒赫德和阿桂、福隆安、丰升额等朝臣时降谕：“……若畅春园则距圆明园甚近，事奉东朝，问安传膳，莫便于此。我子孙亦当世守勿改。著将此旨录写，封贮存尚书房、军机处各一份，传示子孙,以志勿忘。”他这一道圣旨规定,畅春园永远作为“皇太后园”，子孙后代都不得更改。

但是，乾隆年间以至嘉庆年间，都不再有皇太后，畅春园只好闲置下来，不能再充做他用。对长期空闲的宫殿园林，当然没有必要去修缮,也不需要那么多护军保卫了。《大清会典事例》载:“(乾隆）四十二年裁撤畅春园汛十五处，仍留门班五处，日以副参领、署参领一人,护军校、护军五十八人守卫。嘉庆七年(1802年）裁撤畅春园守卫护军营官兵,交巡捕营官兵看守。”即到嘉庆年间，连守卫畅春园的八旗护军也撤走了，守园之责交给了步军统领衙门管辖的巡捕中营畅春园汛了。而当时驻在海淀镇莺坊胡同的畅春园汛，只有汛兵 100 人。他们负责畅春园周围的海淀、六郎庄、双桥、佟府村、冰窖村等十来个村庄的地方治安工作，能分给畅春园的兵力十分有限了。

在兵力减少的同时，畅春园的管理官员也越撤越少。康熙年间，畅春园设郎中一人，八品总领三人，无品级副总领十人，笔帖式十人。办事官员共 24 人。到嘉庆年间，“十二年，裁未人流苑副（即副总领）六人，笔帖式三人”；“十六年拨给圆明园食八品俸苑丞（即总领）一人，八品苑副一人，委署苑副二人”（见《大清会典事例》），共减了 13 人。

到了道光年间，被荒废多年的畅春园，又遭到人为的损坏，侵占园址，拆用木料，拆掉殿堂，几乎变成一座废园了。

被乾隆帝钦定为太后园的畅春园，此时已经破旧不堪。道光帝旻宁在道光元年（1821 年）五月十九日的上谕中说：“畅春园自丁酉年（即乾隆四十二年）扃户以后，迄今又越数十年。殿宇墙垣，多就倾欹，池沼亦皆湮塞。此时重加修葺，地界恢阔，断非一二年所能竣工。”道光帝以此为“理由”，没有遵从乾隆皇帝的圣旨，而将孝和皇太后供养于绮春园。旻宁在道光元年（1821 年）传旨：“绮春园在圆明园之左，相距咫尺，视膳问安，较之畅春园更为密迩，且系皇太后夙昔临莅之区，居处游览，罄无不宜。于此尊养承欢，当与近奉东朝之旨尤相契合也……即将绮春园相度修整，敬奉慈愉。”（《起居注册》）

道光年间畅春园的具体情况如何？乾隆帝的曾孙奕绘，曾在道光十四年（1834 年）进园凭吊。奕绘是弘历皇五子永琪之孙，荣郡王绵亿之子，曾任内大臣、正白旗汉军都统，管理御书处和武英殿修书处，著有《明善堂文集》等。为到圆明园上朝方便，寓居在畅春园西南隅的双桥寺。他的父亲绵亿，曾与履郡王绵惠

（乾隆第四子永珹之子）、仪郡王永璇（乾隆第八子）同时居住在畅春园，一起读书。为探寻乃父读书的旧址，奕绘在一位樵采人的导引下，进入畅春园。他们走进二宫门，那高高的春晖堂，面阔五间，依然是昔日雄伟的气势，但画椽已经生出苍苔，其后殿曾是皇太后的寝殿呀！绕过东边的土山往北，就是空寂冷落的渊鉴斋。母亲曾告诉他说，父亲年幼时曾在这里读书。50 年后已是墙倒屋塌，那铺地金砖也长满杂草野花。父亲当年居住的疏峰，仍然依山面水，却也是斜阳映照残壁，凄风吹动树叶像在低声哀鸣。在昔日的御园凭吊，徒增怅惘，不胜今昔之感。于是便吟成一首《中秋畅春园疏峰怀旧（乾隆四十三年后，先王及履郡王、仪郡王居此园）》：

高高春晖堂，苍苔生画椽。
寂寂渊鉴斋，秋花上金砖。
先人读书处，回首五十年。
彼时我未生，但闻老母传。
偶随樵采辈，径行入前园。
高轩面秋水，疏峰列西山。
斜阳照坏壁，寒藻荡清涟。
凄凄风木哀，团团月规圆。
吊古增怅望，抚时悟流迁。
何当谢人世，终世住幽禅。

与奕绘题诗相印证的，是一幅第五代样式雷传人雷景修在道光年间绘制的《畅春园地盘形势全图》。此图左侧有黑色毛笔字：

“道光十六年三月二十九日对准样”。图中河湖水面为草绿色，土山为淡褐色，建筑物用黑笔勾画，主要建筑景点贴有红色纸条，上面书写黑毛笔字，注明了建筑名称和房间数目，也有的标明“拆去”。

根据这幅样式雷画样可知，在道光十六年（1836 年），畅春园仍然保留比较完整的建筑有：

1.“中宫大小房一百八十间”。中宫即中路的九经三事殿、春晖堂、寿萱春永殿和配殿，以及附属用房等；

2.“澹宁居大小房四十一间，游廊四十七间，霁光门一座”；

3.“疏峰大小房三十间，游廊五间”；

4.“观澜榭大小房五十九间，游廊十三间”；

5. 清溪书屋。此处全部建筑仍绘制得很清楚完整，但红色纸条脱落遗失，无法得知房间和游廊的准确数目。

除以上五项外，尚有大宫门及朝房、恩佑寺、恩慕寺、龙王庙、关帝庙、娘娘殿等建筑未毁坏，四周围墙尚保存完整。

但是，这张畅春园地盘图上，有一批建筑物旁注明“拆去”字样，说明这些殿堂已被拆除。有个别建筑如“回芳墅”，虽注有“拆去”，却还绘出了殿堂的建筑间数和位置，说明这些房屋已破败不堪，即将彻底拆除。注有“拆去”的殿堂，中路有瑞景轩、延爽楼、韵松轩、玩芳斋；东路有清远斋（亭）、渊鉴斋、太朴轩；西路有买卖街、船坞、无逸斋、蕊珠院、集凤轩、雅玩斋等，共 13 处。

这就是道光十六年（1836 年）畅春园的情况。

道光二十五年（1845 年）四月，畅春园西北方挂甲屯南部的英和承晖园（承泽园），被赐予皇六女寿恩固伦公主作为新婚后的住地。内务府对这座园林进行了扩充修建，更名为春颐园。根据样式雷《挂甲屯南城内春颐园地盘全样》和《新拟地盘画样》可知，这次春颐园南扩，竟将畅春园西北角一带，划到六公主园内去了。

原先承晖园南界在万泉河北岸，新园向南扩张了九丈，修建园墙和园门。在南园墙与畅春园北大墙之间，形成了一道宽三丈、长 40 余丈的东西通道。通道东西两端各建一座砖门，实际变成两座街门，那条通道变成了园内地域。进而又向南突破了畅春园的围墙，在围墙一线正对春颐园大门，修建一座长长的拱形影壁。影壁以南的东西两侧，沿北大墙各修建三间坐北朝南的平房，是为“诸旗房”。这六间房全建在畅春园内了。又在旗房南边修建了一座马圈，包括车轿棚在内共有 20 间平房。

修建春颐园的规划设计图，是经道光帝亲自审核批准的，皇上还在建园期间两次到施工现场巡视。即是说，道光帝同意六公主的赐园侵占了畅春园大片土地，将旗房和马圈修建在畅春园西北部原雅玩斋和天馥斋的旧基上，将春颐园的南界扩展到畅春园西北小湖的北岸一线。

随着畅春园的损毁和衰落，负责管理的官员和服务人员进一步削减。《内务府奏销档》一件道光二年（1822 年）八月二十二日的内务府奏折中，记载了当时畅春园官员和园户的数目：“畅春园现设郎中一员、六品苑丞一员、七品苑丞一员、八品苑副四员、笔帖式二员、食钱粮署苑副八名，园户头目、园户等一百五十五名。”而道光三年（1823 年）孝和皇太后将要长住绮春园。绮春园差务较繁，官员和园户不多，“于稽察照料一切差务，恐难周备”。畅春园现在殿座无多，差务甚简，所设官员尽可酌核调拨。“拟请将畅春园郎中一员调补绮春园，协理该园一切事务，并管理南园……仍请由畅春园食钱粮署苑副八名内酌拨四名，归于绮春园当差。其畅春园事务，即责令该园六品苑丞办理，无须另行派遣官员”。对此事，道光帝降旨：“畅春园郎中着调补绮春园郎中,向设员外郎一员专管长春园。至畅春园,着内务府大臣于郎中、员外郎内捡派一员兼行。余依议。钦此。”此次，从畅春园调走了最高一级的管理人员郎中和四名署苑副，畅春园实际上由六品苑丞管理。

在第一次鸦片战争失败，清廷于道光二十二年（1842 年）签订丧权辱国的《南京条约》后，国势更加衰弱，财政拮据。在道光二十三年（1843 年）五月奏准，畅春园官员均拨归圆明园。畅春园则以八品苑副三人、委署苑副二人、笔帖式一人，作为专路管理。畅春园的园隶等服务员役额定为 100 人，所有房地租钱粮一并归圆明园管理。也就是说，到道光末年，畅春园作为单独设立的单位也被取消了。

到了咸丰年间，畅春园已成废园。咸丰帝为他的弟弟修葺赐园，也从畅春园拆卸木料。位于畅春园北邻的定郡王载铨的含芳园，于咸丰四年（1854 年）收归内务府重新修葺。建筑设计和施工的负责人，是样式房掌案雷景修。雷氏绘制的画样和施工记

畅春园遗址旧影

录上，记载了装修含芳园所用木料的来源。在咸丰六年（1856 年）的《泉宗庙畅春园等座内檐数目准底》中，记载了从各座建筑拆卸木料的品种和数量，以及用于安装含芳园的哪一座建筑物。

修葺含芳园前所，共用了 11 槽木料，样式雷写道："前所抵畅春园一槽；前所抵泉宗庙各等座内檐装修共计十槽。"后所共用 33 槽："后所抵畅春园共计七槽；后所抵泉宗庙各等座内檐共计二十六槽。"

这些内檐木料的来源，样式雷记载：泉宗庙的是由乐清馆、主善堂等八座殿堂中拆卸的；畅春园的木料则是从清溪书屋和导和堂拆卸的。这些木料包括栏杆罩、落地罩、扇子、壁子等。

这件由样式雷所提供的材料证明，到咸丰六年（1856 年），畅春园作为一座御苑，已被内务府基本废弃了。咸丰帝拆掉康熙帝寝殿清溪书屋的木料，将含芳园修葺一新，赐予他的七弟奕譞，并御赐园名题额“蔚秀园”。

焚毁与遗址现状

大清王朝在道光、咸丰年间日益衰落，在 19 世纪 50 年代又因太平天国革命而陷于严重的危机之中。英法两国趁机发起了第二次鸦片战争，攻陷天津，直逼北京城。

咸丰十年八月二十四日（1860 年 10 月 6 日），英法联军占领海淀、窜进圆明园纵火焚烧宫殿，接着又将圆明园和万寿山清漪园、玉泉山静明园、香山静宜园、畅春园及其他园林一齐焚毁。业已衰落的畅春园也没逃过侵略者的魔爪。据总管内务府大臣明善九月二十九日（11 月 11 日）的奏折称，他与总管王春庆和圆明园官员对圆明园及附近情况的逐处清查结果，圆明园和“大宫门、大东门，及大宫门外东西朝房、六部朝房、内果房、銮仪卫值房、内务府值班房、恩慕寺、恩佑寺、清溪书屋、阅武楼、木厂征租房、澄怀园内近光楼六间、值房八间、上驷院、武备院值房等处均被焚烧”。即是说，畅春园内遗存的恩慕寺、恩佑寺、清溪书屋等园林建筑，被英法联军彻底焚毁了。畅春园与圆明园一样变成了一片废墟。

到宣统年间，畅春园已不复存在。原址除一部分稻田外，只有残存的土岗和水洼，野草遍地，芦苇丛生，满目荒凉。据《清实录》记载，宣统三年五月（1911 年 6 月）谕军机大臣等："贝勒载涛等奏，畅春园等处附近地方民种官地一律收回，恳恩赏给银两以示体恤一折。又奏，在阅武楼及西花园基址酌改操场一片。均着依议。"畅春园、西花园及马厂等处官地，曾经租给农民耕种，当时要收回官地，在此修建成一座练兵的操场。

民国年间，西苑一带仍为军队驻地。官兵营房修建在阅武楼南边，即今西苑机关一带。冯玉祥国民军、东北军万福麟五十三军、宋哲元二十九军等，都曾在这里驻防。西花园、马厂和畅春园一部分旧址被辟为练兵场，称为西苑操场。附近其余空地逐渐被当地农民开发为耕地，作为养家糊口之用。

中华人民共和国成立后，这里曾修建过海淀乡政府、海淀区农林水利局、农机局、畜牧局、气象局以及畅春园饭店，形成过操场村、双桥村等居民点，现在已被拆除。大部分空地被开垦成农田，或播种著名的京西稻，或栽种莲藕、茭白、荸荠、菱角等水生蔬菜，或利用水面饲养海淀特产北京鸭，成为有特色的副食品生产供应基地。

20 世纪 80 年代以后，随着改革开放的逐步深入，新技术产业在海淀迅速发展起来，海淀镇和中关村一带成为"中关村科技园区"的核心区。畅春园原址的面貌也随之发生了巨大变化。畅春园南部修建起"大地科技大厦""海淀新技术大厦""北京硅谷电脑城”等几座高楼。畅春园北部修建起“北京大学畅春园教职工住宅区”、“北京大学第二附属中学”（今改名“北达资源中学”）、“北京大学畅春园学生公寓”等几十座楼群。畅春园中部是海淀区体育中心的现代化体育馆和标准田径场。畅春园西南部是高楼林立的“芙蓉里居民小区”；园中部西半建成一座颇具规模的街头公园“畅春新园”；园西北隅修建一块街头绿地，筑起一座八方重檐“万泉亭”，亭内竖一通镌刻《整治万泉河记》的石碑。河道略有整修改道的万泉河水，即从万泉亭绿地和畅春新园之间，由南向北流去。

在西花园原址和马厂的部分地域，修建成一座大型的“海淀公园”。园内绿地逶迤盘亘，大小湖泊清水相连，繁花似锦，碧树浓荫，成为海淀居民休闲游乐的好去处。

如今，在畅春园原址已无法寻觅到康熙时代盛时的踪影了，只有在园东北隅，还能看到恩佑寺和恩慕寺的两座山门，红墙黄瓦，寺门上“敬建恩佑寺”“敬建恩慕寺”的题额，还能让人联想起雍正、乾隆两位皇帝在这里敬先祭祖的谦恭身影。

这两座寺门，作为畅春园仅有的遗物，被定为海淀区重点文物保护单位。

恩佑寺和恩慕寺的两座山门，也能使我们大体认定畅春园坐落的范围，以及园内建筑景观与现代建筑景观的对应关系。两座山门连接线的南北延长线，就是畅春园的东墙位置。恩佑寺山门西侧的宿舍楼，原是玄烨寝宫清溪书屋建筑群的基址。四环路北辅路的北沿，就是畅春园的南墙；新技术大厦前边即是大宫门；

宫门前影壁在南辅路上；四环路的宽阔路面，是宫门前的广场，即康熙帝举办千叟宴的地方。新技术大厦和硅谷电脑城，修建在玄烨曾经多次上朝理政的澹宁居旧址。芙蓉里十号楼修建在畅春园西南隅的无逸斋一带。畅春园西墙，位于十号楼西侧马路与承泽园稍西处二者之间的南北连接线。畅春新园及东侧部分公寓楼，大体修建在畅春园后湖的位置；而畅春新园西部中央，即湖中高楼是蕊珠院原址。海淀体育馆及其南边，便是原前湖的广阔水面。畅春园北墙，压在北大教工宿舍楼和北达资源中学教学楼下，在蔚秀园南墙外，其东端竖有“畅春园东北界”石桩。

西花园的南墙，与畅春园南墙是同一条线。西花园的东墙，与畅春园的西墙是同一条线。西花园的北墙，在今铜牛路一线，即今海淀公园的北界。其西墙则是在今万柳中路向北的延长线上。西花园旧址全部圈在如今的海淀公园内。

海淀体育馆（1990年建于原畅春园前湖遗址）

畅春园界碑

畅春新园石碑

这就是畅春园和西花园原来的坐落方位。

我们为北京曾拥有畅春园这样的古典园林杰作及其主人康熙大帝所开创的太平盛世而感到自豪，也为畅春园和其他海淀皇家园林被外国侵略者焚毁而愤慨，更为中关村科技园区的飞速发展及其光辉灿烂的前途而感到无比的骄傲。

附录一

畅春园记事年表

明万历年间（1573—1620 年）

武清侯李伟在海淀西北修建清华园。

崇祯九年（1636 年）

七月，英亲王阿济格率领清军，逼近北京，攻占西郊清华园，劫掠而去。

崇祯十一年（1638 年）

李伟后代家境败落，清华园出售与他人。

清顺治年间（1644—1661 年）

清华园被占为官地，为肃亲王豪格及其后代所有。

康熙十二年（1673 年）

七月，史学家谈迁游海淀清华园，在《北游录》中记载了清华园实况。

康熙二十二年（1683 年）

清代建筑大家样式雷第一代传人雷发达、第二代传人雷金玉，应皇家修建御园之招募，从江宁来到北京，居住在海淀镇槐树街。

康熙二十三年（1684 年）

五月刊行的《宛平县志》载，康熙帝将清华园修建为御园。

康熙二十三至二十六年（1684—1687 年）

著名造园艺术家张涟、张然父子两人，参加主持畅春园的设计和修建工程。

雷金玉因上梁施工有功，蒙康熙帝召见奏对，赐内务府总理钦工处掌班，赏七品官，食七品俸。

康熙二十五年（1686 年）

在畅春园设柴炭库。

康熙二十六年（1687 年）

二月二十二日，康熙帝在玉泉山行宫处理政务后，移驻畅春园。一连居住八天，并御门理政。

康熙二十七年（1688 年）

造园艺术家叶洮供奉内廷，在畅春园从事园内工程设计和修建工作。

康熙二十七至二十九年（1688—1690 年）

内务府郎中曹寅，主持西花园的修建工程。

康熙二十八年（1689 年）

正月初五日，康熙帝邀法籍几何学教师张诚神甫，到寝殿清溪书屋讲课，并赐宴。

康熙二十九年（1690 年）

康熙帝命免去李煦宁波知府的职务，充任畅春园总管。康熙三十二年（1693 年），李煦调任苏州织造。

玄烨游园时写了一首咏牡丹诗《畅春园众花盛开，最为可观。惟绿牡丹清雅迥常，世所罕有。赋七言绝以记之。》

康熙三十年（1691 年）

正月十五日元宵节，玄烨在清溪书屋宴请张诚等外籍教师和十几位内廷亲贵，让他们观赏歌舞表演，晚上还去西厂观赏烟火。

康熙三十四年（1695 年）

四月二日，玄烨召近臣陈廷敬等人到瑞景轩赐茶赐食，观赏牡丹，并泛舟赏景。

六月二十日和二十六日，召陈廷敬、高士奇、王鸿绪、张英、张廷瓒等人，赐宴韵松轩，并赐名酒、红白千叶莲以及新从福建运到的鲜荔枝，不但就地品尝，还可以带回给家人吃。

康熙三十九年（1700 年）

七月十一日，玄烨专程来到御园西部，仔细观察御稻的生长情况，吟成一首七绝《畅春园观稻，时七月十一日也》。

康熙四十三年（1704 年）

玄烨到御园西北部一座他亲手栽植的葡萄园，品尝引种的吐鲁番葡萄，并赐予查慎行等翰林们尝鲜。吟出一首《五律·园中十种葡萄,味甚美,戏作近体一律,以示南书房诸臣》。查慎行有《恩赐御园十种葡萄恭纪》诗。

康熙四十五年（1706 年）

玄烨传旨，由蔡升元、励廷仪等人编录，大学士陈廷敬、尚书王鸿绪校理的大型诗选《佩文斋咏物诗选》编辑完毕。玄烨于六月二十一日撰写序言，刊行面世。

康熙四十六年（1707 年）

皇太子允礽住在西花园讨源书屋，众皇子住荷池四所。一月诏准，皇十子允䄉等七位皇子在御园周围建房。这年，皇三子允祉移住熙春园，皇四子胤禛移住圆明园，皇九子允禟移住彩霞园，允祺、允祐、允禩、允䄉也都迁居，住进赐园。

康熙四十七年（1708 年）

玄烨将佩文斋所藏书画评论,令词臣编辑成《佩文斋书画谱》,共 100 卷，其中有一卷为数十则御制书画题跋。二月，玄烨题写序言，付印出版。

十一月十四日，康熙帝召集满汉文武大臣齐集畅春园，要求他们在众皇子中举荐一位皇太子。“八爷党”与众大臣暗通消息，多推举允禩，与帝意相违。第二天，逮捕了马齐，其家人中有官职者，一律革职。

康熙五十年（1711 年）

玄烨命张玉书等编纂《佩文韵府》一书。十月全书告成，是一部专门汇集诗词歌赋中辞藻典故的书，共 108 卷。玄烨撰写序文，当即面世。

三月初十日，玄烨在雅玩斋侍奉皇太后观赏梅花，吟成一首古体诗《三月初十日，恭请皇太后雅玩斋进膳看梅花》。

康熙五十二年（1713 年）

设算学馆于蒙养斋。

三月十八日是玄烨六十大寿，在畅春园举办多种祝寿庆祝活动。三月十七日,玄烨奉皇太后自畅春园返回皇宫,沿途搭建龙棚、经棚、彩坊、戏台、园林等点景，各省官员和王公大臣夹道罗拜，颂祝万寿无疆。三月二十五日，玄烨参加了畅春园宫门前的“千叟宴”，前来祝寿的有两千余名各省老人。二十七日，又在这里宴请两千余名八旗老人。二十八日，玄烨和皇太后在园内太后宫门前宴请八旗老妇人。王公大臣和众皇子都写了祝寿诗。

康熙五十三年（1714 年）

九月，玄烨命允祉带领允禑、允禄，在畅春园蒙养斋立馆，纂辑律吕算法诸书，并召集了方苞、徐元梦等学者参加。一年后，允祉以《御制律吕正义》一书呈进。玄烨审改后,令将律吕、历法、算法三书合为一部，赐名《律吕渊源》。

十二月，玄烨在畅春园大西门射圃，亲自阅视八旗官兵的骑射本领，咏出一首《五律·大西门升八旗官阅骑射作》。

康熙五十四年（1715 年）

十一月十三日，玄烨连续三天在西厂阅试 170 名武举，考试其骑射、步射、挽硬弓、舞刀、掇石等。阅试结果，赐三位武举进士及第，六人进士出身，98 人同进士出身。

康熙五十五年（1716 年）

正月十四日，玄烨循例在畅春园九经三事殿，宴请蒙古王公和内大臣、侍卫、大学士等。玄烨将几位蒙古亲王召到御座前，逐个赐酒，其余贝勒、贝子、公、额驸、台吉等，则令侍卫于座次分觞授饮。

康熙六十一年（1722 年）

三月十八日，是玄烨 69 岁生日，又按照康熙五十二年（1713 年）的规格，分别举办千叟宴，宴请各省老人、八旗老人和八旗老妇人，并各有不同赏赐。玄烨题写了《千叟宴》诗。

春天，玄烨在畅春园赏花，鲜花满园，芳香四溢。玄烨吟成一首七绝《园中无处无花，触目皆是，故作此自嘲》。

春天，玄烨将喜爱的皇孙弘历召至畅春园，澹宁居的后殿成为弘历居住和读书之所。

十一月初七日，玄烨因在南苑行围时感受风寒，返回畅春园医治疾病。十二日深夜病情急剧恶化，将众皇子和隆科多召至御榻前，宣布皇四子胤禛继皇帝位，于当夜逝世。

雍正元年（1723 年）

胤禛于畅春园东北隅修建恩佑寺，为圣祖仁皇帝荐福。

雍正四年（1726 年）

胤禛经常到恩佑寺瞻拜父皇御容，奉佛以报慈恩。“四年三月恭奉圣祖仁皇帝御容于恩佑寺，自后月必瞻拜，或两诣三诣焉”。（《清通典》）

乾隆二年（1737 年）

从年初二月开始对畅春园的殿堂进行修缮和改建，将太后寝宫改建为“春晖堂”和“寿萱春永殿”等。畅春园成为皇太后钮祜禄氏的专用御苑。

乾隆四年(1739 年)

闲邪存诚殿被火灾烧毁。重建后，弘历御题匾额“玩芳斋”。雍正二年（1724 年）时，弘历曾以此殿为书房。

乾隆七年（1742 年）

自春到夏,天气干旱。“皇太后步祷于园内龙王庙”(弘历语)，恰巧天降喜雨。弘历闻听，立即到春晖堂请安，写下《午日畅春园问安》诗。

无逸斋在园西南隅。康熙年间赐允礽居住，后为年幼皇子皇孙读书之所。乾隆七年（1742 年)，弘历写有《无逸斋》诗，在诗注中写道：“无逸斋在畅春园中，皇祖所建也。葺而新之，以为问安憩息之所。”

乾隆十二年（1747 年）

弘历命重修畅春园西路之凝春堂、蕊珠院和集凤轩，并御题匾额，以为皇太后“夏清”避暑之所。

乾隆十三年（1748 年）

弘历在大西门演练骑射,发矢二十,中十九。齐召南吟诗《畅春园西楼前伏观御射恭纪》七律四首。弘历依韵和诗四首，命勒于集凤轩壁间。

乾隆三十六年（1771 年）

皇太后八旬万寿崇上徽号的仪式，在九经三事殿举行。大学士奉奏书陈于正殿黄案上，太监将奏书置于皇太后宫陈设。皇上穿龙袍衮服，到太后宫请安，恭进奏书，宣布礼成。

乾隆四十二年（1777 年）

弘历生母崇庆皇太后钮祜禄氏，于正月二十三日去世，停灵于九经三事殿。弘历当即剪发，穿白绸孝服，痛摧肺腑，以无逸斋为倚庐，不思茶饭。四月十八日，太后梓宫移至清西陵泰东陵。

弘历在畅春园东北隅恩佑寺南侧，修建恩慕寺，为皇太后广资慈福。

弘历在正月二十九日召见大学士舒赫德、阿桂等人，降旨："若畅春园则距圆明园甚近，事奉东朝，问安传膳，莫便于此。我子孙亦当世守勿改。"这道圣旨规定，畅春园永远作为"皇太后园"。

是年，裁撤驻园官员。康熙年间，原设郎中一人，八品总领三人，无品级副总领十人，笔帖式十人。是年决定裁撤畅春园汛15 处，仍留门班五处，日以副参领、署参领一人，护军校、护军58 人守卫。

嘉庆七年（1802 年）

撤走守卫畅春园的八旗护军，交由步军统领衙门巡捕中营畅春园汛负责守卫。

嘉庆十二年（1807 年）

裁减畅春园未入流苑副六人，笔帖式三人。

嘉庆十六年（1811 年）

从畅春园拨给圆明园食八品俸苑丞一人，八品苑副一人，委署苑副二人。

道光元年（1821 年）

五月十九日，旻宁发出上谕，畅春园殿宇墙垣多就倾欹。若重加修葺，断非一二年所能竣工，决定将孝和皇太后供养于绮春园。

道光三年（1823 年）

本年，“畅春园现役郎中一员、六品苑丞一员、七品苑丞一员、八品苑副一员、笔帖式二员、食钱粮署苑副八名，园户头目、园户等一百五十五名。”（引自《内务府奏折》）经奏准，从畅春园调走了最高一级的郎中以及四名署苑副，实际由六品苑丞管理。

道光二十三年（1843 年）

五月奏准，畅春园官员均拨归圆明园。畅春园以八品苑副三人、委署苑副二人、笔帖式一人，作为专路管理。畅春园降为附属园林。

道光二十五年（1845 年）

四月，重修挂甲屯南部的承晖园（承泽园），更名春颐园。将园南墙扩展到畅春园西北小湖的北岸，占用了大片土地。

咸丰六年(1856 年）

修缮含芳园时，从畅春园清溪书屋、导和堂拆卸木料以“抵用”。

畅春园成为废园。

咸丰十年（1860 年）

十月，英法侵略军火烧圆明园，又焚毁海淀镇和西郊园林。畅春园的清溪书屋、恩佑寺、恩慕寺等建筑，也惨遭焚毁。畅春园变成一片废墟。

附录二

清华园诗文选录

詟许：《海淀清华园》

海淀清华园，戚畹李侯之别业也。去都门西北十里。湖水自西山流入御沟，人无得而游焉。淀之水，滥觞一勺，都人米仲诏浚之，筑为勺园。李乃构园于上流而工制有加，米颜之曰清华。初至见茅屋数间，入重门，境始大。池中金鳞长至五尺。别院二，邃丽各极其致。为楼百尺，对山瞰湖，堤柳长二十里，亭曰花聚，芙蕖绕亭，五六月见花不见叶也。池东百步置断石，石纹五色，狭者尺许，修者百丈。西折为阁，为飞桥，为山洞，西北为水阁，叠石以激水，其形如帘，其声如瀑。禽鱼花木之盛，南中无以过也。雪后联木为冰船，上施轩幕，围炉其中，引觞割炙，以一二十人挽船走冰上若飞，视雪如银浪，放乎中流，令人襟袂凌越，未知瑶池玉宇又何如尔！

谈迁：《北游录·纪邮下》第198条

辛亥。早发为海淀之游。入宣武门大街，久之……寻策蹇出西直门。十二里至海淀，则清华园。故武清伯李诚铭，以神祖元舅余力治园。其地十顷，穿沼垒石，费亿万缗，胜甲都下。环治通舟，前后汪洋，直若薮泽。莲芡菰蒲，兼以水稻。坐暨香亭中，有阁矗其前，群峰北拱。解衣沽酒，得大酒二升，非余习也，勉同董生尽之。阁峻甚，乱石叠其址，纹如冰裂。崇祯丙子冬，肃王内攻，尝驻此，毁其阁。今加葺者，又即肃王也，事不可料如此。园额米万钟书。亭额南充黄辉书。阁之南清雅亭，慈圣皇太后书。酒罢，寻左径，度山楼，峰回洞转，巧夺天成。徐步出园，拟游玉泉山，而酒气大作，不知所繇。同辈引余卧一村庙而呕。虽委顿，犹步二十里返寓。使余不酒困，玉泉能有遗哉？噫，余过矣，余过矣。又园丁董某，以李氏苍头，今投肃邸主业，岁输百金而牟利。李氏二孙，贫甚，不能自活。

刘荣嗣：《海淀李戚畹园》

偶出晨新雨，轻阴到夕阳。

浮青森石丈，深碧尚花王。

对巘峰俱配，分溪径屡防。
槛斜幽取复，荷浅近能香。
泛涉疲迂路，小休便断梁。
狎人鱼竞出，巢树鸟深藏。
绳不容松直，篱惟让竹强。
平情疏杂卉，刻意及雕墙。
楼阁相为影，烟岚互有光。
奇贪游未已，余醉一登航。

范景文：《集李戚畹园》

侯门矜壮丽，别墅也雕甍。
所有水边竹，为存林下风。
苔花增石绣，柳影衬鱼红。
山泽非无胜，终然让此工。

人巧为山水，要令情性俱。
色声香互发，红紫绿平敷。
密每望难竟，疏教画可图。
善谀座上客，几处胜西湖。

谭贞默：《海淀李园看牡丹》

十里红尘远，光生碧浪池。
石奇争坐客，花熳妒群姬。

分槛成诗静，飞筹到酒迟。
觞余齐水榭，御字想威仪。

费尚伊：《李戚畹园》

一鉴藏山溜，双虹跨石梁。
浦莲侵槛出，溪树引杯长。
暑薄青丝绤，凉生白苎裳。
帝城风日好，拼醉到斜阳。

王嘉谟：《李戚畹园》

植杖林垧外，栖迟不自期。
十年更地主，一日偶山陲。
湖阔鹰凫静，香过蜂蝶随。
未衰诗酒业，闲赏称清时。

袁中道：《海淀李戚畹园大会诗》

其 一

满目尘沙塞路蹊，梦魂久已忆山栖。
谁知烟水青溪曲，只在天都紫陌西。
镇日浮舟穿柳涧，有时调马出花畦。
到来宾主纷相失，总似仙源径易迷。

其 二

百尺飞桥宛转栏，闻香照影且盘桓。

蹊边忽遇三侯石，杖底惊逢八节滩。
仙骥止同家鹜狎，国花长作野蔬看。
雨余山翠浓如滴，玄对还宜上露坛。

其　三

沉绿殷红醉晓晖，入林花雨润罗衣。
盘云只觉山无蒂，喷雪还疑水有机。
遂与江湖争皓渺，可怜原隰总芳菲。
何妨携襆同栖宿，烟月留人讵忍归。

其　四

追随鹭羽到山阿，梓泽兰亭未许过。
移得好花通禁苑，引来飞瀑自银河。
微风啸彻梢云竹，轻雨香添带露荷。
野逸繁华都不碍，才闻灌木又听歌。

其　五

雁翎桧覆虎纹墙，夹道雕栏织画梁。
锦槛三千呈翡翠，珠楼十二绕鸳鸯。
林端御水偏明媚，雾里西山半隐藏。
但喜追随同沈谢，何知池馆是金张。

其　六

久矣烟波愿未酬，何其浩荡泛清流。
江南岂有千人帐，蓟北今饶万斛舟。
锦栏兰桡穿别浦，繁弦急管过中洲。
一湾净水菰蒲绿，宛似潇湘曲里游。

其 七

烟云才见已颠狂，把臂青林趣更长。
语鸟自能清热恼，流泉端的洗尘忙。
石无甲乙皆呈怪，花有新陈不断香。
尺五天边饶洞府，懒随逸少问金堂。

其 八

枝中见舞水边讴，盘马登楼复荡舟。
不但稻麻罗国卉，直将车斗算名流。
披阵奥妙皆龙胜，描写烟岚尽虎头。
佳会欲归还订约，芙蓉花满再追游。

闫尔梅：《游李戚畹海淀园》

池阔风凉柳系船，巧堆亭榭欲迷仙。
牡丹一种余千树，海石双蹲数百拳。
天子留心增府库，侯家随意损金钱。
知他独爱国林富，不问山中有辋川。

梁清标：《李园行》

西直门外清泉流，李园钜丽甲皇州。
苑内潺湲疏碧沼，天际窈窕开朱楼。
锦堂绣幕列钟鼎，曲房密室鸣箜篌。
戚畹生当全盛世，张筵招客多贵游。
十五妖姬伺后阁，千金骒袅罗前头。

珠履称觞金凿落，牙樯载酒木兰舟。
胜赏四时欢不改，花落花开春常在。
已分风月为主人，岂料桑田变沧海。
予来系马门前树，寂寂池塘锁烟雾。
不见当年歌舞人，春雨秋霜自朝暮。
画栋攲斜落燕巢，芰荷零乱眠鸥鹭。
殷勤但见白发翁，自言少小居园中。
主人华贵拥金穴，为园钜万泥沙同。
奇石移来俨幽壑，飞桥夭矫如长虹。
芙蕖香满槐庭月，水阁凉生杨柳风。
行乐几时宾客散，往事欻忽云烟空。
池不种荷惟种稻，年年输税归王宫。
吁嗟老翁何愚蒙，盛衰自昔犹转蓬。
君不见石家金谷谁为主？丞相平泉亦尘土！
李君李君昔何雄，慷慨相看泪如雨。

附录三

畅春园诗文选录

玄烨：《畅春园记》

都城西直门外十二里曰海淀，淀有南有北。自万泉庄平地涌泉，奔流㶁㶁，汇于丹棱沜。沜之大，以百顷，沃野平畴，澄波远岫，绮合绣错，盖神皋之胜区也。朕临御以来，日夕万几，罔自暇逸，久积心劬，渐以滋疾。偶缘暇时，于兹游憩，酌泉水而甘，顾而赏焉。清风徐引，烦疴乍除。爰稽前朝戚畹武清侯李伟因兹形势，构为别墅。当时韦曲之壮丽，历历可考，圮废之余，遗址周环十里。虽岁远零落，故迹堪寻。瞰飞楼之郁律，循水槛之逶迤。古树苍藤，往往而在。爰诏内司，少加规度，依高为阜，即卑成池。相体势之自然，取石甓夫固有。计庸畀值，不役一夫。宫馆苑御，足为宁神怡性之所。永惟俭德，捐泰去雕。视昔亭台丘壑林木泉石之胜，絜其广袤，十仅存夫六七。惟弥望涟漪，水势加胜耳。当夫重峦极浦，朝烟夕霏，芳萼发于四序，珍禽喧于百族。禾稼丰稔，满野铺芬。寓景无方，会心斯远。其或穲稏未实，旸雨非时。临陌以悯胼胝，开轩而察沟浍。占离毕则殷然望，咏云汉则悄然忧。宛若禹甸周原，在我户牖也。每以春秋佳日，天宇澄鲜之时，或盛夏郁蒸，炎景烁金之候。几务少暇，则祗奉颐养，游息于兹。足以迓清和而涤烦暑，寄远瞩而康慈颜。扶舆后先，承欢爱日，有天伦之乐焉。其轩墀爽垲以听政事，曲房邃宇以贮简编，茅屋涂次，略无藻饰。于焉架以桥梁，济以舟楫，间以篱落，周以缭垣，如是焉而已矣。既成，而以畅春为名，非必其特宜于春日也。夫三统之迭建，以子为天之春，丑为地之春，寅为人之春，而易文言称乾元统天，则四德皆元，四时皆春也。先王体之以对时育物，使圆顶方趾之众各得其所，跂行喙息之属咸若其生。光天之下，熙熙焉，皞皞焉，八风罔或不宣，六气罔或弗达，此其所以为畅春者也。若乃秦有阿房，汉有上林，唐有绣岭，宋有艮岳，金红璧带之饰，包山跨谷之广，朕固不能为，亦意所弗取。朕匪敢希踪古人，媲美曩轨，安土阶之陋，惜露台之费，亦惟是顺时宣滞，承颜致养，期万类之乂和，思大化之周浃。一民一物，念兹在兹，朕之心岂有已哉？于是为之记而系以诗。诗曰：

昔在夏姒，克俭卑宫。亦越姬文，勿亟庶攻。

若稽古训，是钦是崇。箴铭户牖，夙夜朕躬。
栋宇之兴，因基前代。岩宿丹霞，檐栖翠霭。
营之度之，以治芜废。有沸泉源，汪涉斯在。
驾言西郊，聊驻彩斿。甘彼挹酌，工筑斯谋。
莹澈明镜，萦带芳流。川上徘徊，以泳以游。
因山成峻，就谷斯卑。咨彼将作，毋日改为。
松轩茅殿，实惟予宜。亦有朴斲，予尚念兹。
撰辰经始，不日落成。岂日游豫，燕喜是营。
展事慈闱，那居高明？遐瞩俯瞰，聊用娱情。
粤有图史，藏之延阁。惟此大庑，会彼朱襮。
郁郁沟塍，依然耕凿。无假人工，渺弥云壑。
有鹢其舟，有虹其梁。可帆可涉，于焉徜徉。
文武之道，一弛一张。退省庶政，其罔弗臧。
尝闻君德，莫大于仁。体元出治，于时为春。
愿言物阜，还使俗醇。畅春之义，以告臣邻。

玄烨：《佩文斋咏物诗选序》

昔者，子夏序诗，谓：“正得失，动天地，感鬼神，莫近于诗。先王以是经夫妇，成孝敬，厚人伦，美教化，移风俗。”若是乎诗之道大矣哉！而周公赞述唐虞，宗翼文武，制礼以导天下，著尔雅一篇，后之序之者，谓：“尔雅所以通诂训之指归，叙诗人之兴咏。”疏之者曰：“尔雅所释，遍解六经，而独云叙诗人之兴咏者，以尔雅之作，多为释诗。”是则一物多名，片言殊训，凡以虫鱼草木之微，发挥天地万物之理，而六义四始之道，由是以明焉。夫诗者，极其至，足以通天地，类万物，而不越乎虫鱼草木之微，诗之咏物，自三百篇而已然矣。孔子曰："迩之事父，远之事君，多识鸟兽草木之名。"夫事父事君，忠孝大节也；鸟兽草木虫鱼，至微也，吾夫子并举而极言之。然则诗之道，其称名也小，其取类也大。即一物之情，而关乎忠孝之旨，继自骚赋以来，未之有易也。此昔人咏物之诗所由作也欤！

朕自经纬进御，覃精六籍，至于燕暇，未尝废书，于诗之道，时尽心焉。爰自古昔逸诗，汉魏六朝，洎夫有唐，迄于宋元明之作，博观耽味，搴其萧稂，掇其菁英，命大学士陈廷敬、尚书王鸿绪校理之，翰林蔡升元、杨瑄、陈元龙、查升、陈壮履、励廷仪、张廷玉、钱名世、汪灏、查慎行、蒋廷锡编录之，名曰《佩文斋咏物诗选》。盖搜采既多，义类咸备，又不仅如向者所云虫鱼鸟兽草木之属而已也。若夫天经地志人事之可以物名者，罔弗列焉。于是镂板行世，与天下学文之士共之，将使之由名物度数之中，求合乎温柔敦厚之指，充诗之量，而不负古圣谆复诂训之心，其于诗数，有裨益也夫。

康熙四十五年六月二十一日

玄烨：《佩文斋书画谱序》

书者，六艺之一，昔柳公权言："心正则笔正。"程子谓："作字须敬，即此是学。"盖以纪事载言，行之天下，垂之久远，书诚重矣。夫书以传其志，而画以肖其形，事若不相侔，其义有可连类而并论者焉。仓颉史皇以来，历代载籍，多能道之，而时数相推，材智间出，繁重者变而之简易，朴拙者渐而之巧丽，亦天地自然之理也。其初古文，继为篆隶，而今之所谓真书行草三者，实权舆于斯矣。然三者肇兴于汉，逮夫魏晋，去古未远，多见古人篆隶，故钟繇书有其遗法，而王羲之踵美垂徽，祧前启后，士林所称，以为归极已。若图画之事，始自秦汉，盛于六朝，其间作者辈出，曹卫顾陆，擅能于前，董展孙杨，流声于后，隋有何郑，唐则阎吴，大抵皆画佛像人物，下笔辄依故事，迨气韵之超，极于泼墨，写生之精，穷于没骨，而画之变尽焉。

朕万几燕间，披览典册，间临书家名迹，每观前代纪录书画诸书，种类错亘，漫无统纪，遂即佩文斋所有者编辑之，使各以类相从，为一百卷。凡书画之源流，古今工于此者之姓氏．以至闻人之题跋，历代之鉴藏，悉备考而慎其择，亦可谓详且尽矣。昔唐太宗好书，亲序《王羲之传》，以为心慕手追，而当时内府之图籍，亦号最盛。迄于今日，流传者日远日少，晋唐已为隆古，而况前此者乎？然溯流者必穷其源，习今日之书而不推本于篆隶，亦犹齐末之观也。故上自仓颉史皇，下暨近代皆列焉。朕于书画，偶有题跋，检出数十则，以为一卷，从诸臣之请也。要之，尚稽曩昔，用以摅适性情，咏陶清暇，附于古圣人游艺之意，并为世之嗜古，树毫楮之标准，弘考索之旨趣，则牙签万轴之中，是编其亦可以永传也夫！

康熙四十七年二月

玄烨：《佩文韵府序》

朕万几在御，日昃宵分，未遑自逸，时当燕间，不辍问学，群经子史，诵其文而晰其义矣。以至百家之书，凡可以裨世教、励民风者，修明补正，罔使阙遗。尝谓《韵府群玉》《五车韵瑞》诸书，事系于字，学统于韵，稽古者近而取之，约而能博，是书之作，诚不为无所见也。然其为书，简而不详，略而不备，且引据多误；朕每致意焉，欲博稽众籍，著为全书。爰于康熙四十三年六月，朕与内直翰林诸臣，亲加考订，正其讹舛，增其脱漏，或有某经某史所载某字某事未备者，朕复时时面谕，一一增录，渐次成帙。犹以故实或未极博。于十月复命阁部大臣，更加搜采，以裒益之；既有原本、增本，又有内增、外增，将付剞劂矣，名曰《佩文韵府》。随于十二月开局武英殿，集翰林诸臣合并详勘，逐日进览，旋授梓人，于五十年十月，全书告成，共一百零六卷，一万八千余页。囊括古今，网罗巨细，韵学之盛，未有过于此书者也。书成，诸臣请序，朕念自初至今，经八年矣，历寒暑之久，积岁月之勤，朕于此书，政事之暇，未尝惜一日之劳也。朕又尝谕诸臣，从来著一大书，非数十年之功不能成。今数年以来，所成大部书，凡十有余种，若非合众人之力，岂能克期告竣？故念先后预事之臣，皆命列名其中。兹序《佩文韵府》，因备记编撰之始末，遂及修集诸书之大指，以见成书之不易如此。

康熙五十年十月题

玄烨：《佩文斋广群芳谱序》

粤自神农氏尝草辨谷，伊耆氏命羲和推步定历以授时，民始知耕获之不衍，而百工绩熙，伟哉！开物成务，启牖来兹，圣帝之功与天地并矣。朕听政之暇，披阅典籍，留心农业，绘耕织之图，制永言什，时巡所至，亲历田间，其稼穑之艰难，作劳之辛苦，既周知而洞悉矣。每思究百昌生殖之理，极万变消长之情，著为成编，以佑吾民。尝谓《尔雅》具其名物，而郭璞、陆佃、孙炎之流，《疏》《注》《埤》《翼》，又加详焉。其明备者，莫如《本草》，自《本经》以径陶弘景、苏颂而下数十种，凡采治之法，无不该核。他如《齐民要术》《月令广义》诸书，其莳植之宜，为更晰矣。遐稽往牍，撷其英华，归于简括，良匪易也。

比见近人所纂《群芳谱》，搜辑众长，义类可取，但惜尚多疏漏。因命儒臣，即秘府藏帙，捃摭荟萃，删其支冗，补其阙遗，上原《六经》，旁据子史，洎夫稗官野乘之言，才士之所歌吟，田夫之所传述，皆著于篇，而奇花瑞草之产于名山，贡自远徼绝塞，为前代所未闻者，亦咸列焉。复允群臣之请，益以朕所赋咏，依类分载。总一百卷，命名曰《佩文斋广群芳谱》。冠以天时，尊岁令也；次谷，次桑麻，崇民事也；次蔬茶、果木、花卉，资厚生，溥利用也；终以药物，重民命也。其诸天时早晚之候，人事种溉之方，地方彼此之殊，物性良楛之异，罔弗条举缕析，灿然可观焉。是书也，揽品汇之蕃滋，想群生之率育，一展卷间，化机洋溢，于兹毕呈，固不惟矜淹洽，侈藻丽也。以是刊布天下，垂之久远，使吾民优游于农圃之中，家室盈宁，乐其业而不惮其勤，而大夫士以及民之秀者，因以区别物宜，审其淑慝，凛嗜好之常，慎节宣之度，于以跻仁寿而享太平，亦不为无所裨助也哉！

康熙四十七年五月初十日

允祉：《奏请指定建房地折》

（康熙四十六年三月二十日）

臣允祉谨奏：

窃于今年正月十八日，臣等奏请在畅春园周围建造房屋，皇父御赐北新花园迤东空地，令臣等建房。臣等同勘，若建七人房屋似觉窄狭，故四阿哥、八阿哥、九阿哥、十阿哥具奏皇父，在此地修建房屋。时臣等曾言另寻地再行具奏。今臣允祉我买得水磨闸东南明珠子奎芳家邻接空地一块。看此地方，距四阿哥建房一带近，且地处现开浚新河南岸，系皇父游逛之路，地亦清净，无一坟冢。臣望将此建房之地，亦交付佛保，绘制图样，呈皇父阅览。再目下正值砖瓦木石雇工价贱之时，预备诸物较易。故臣及时谨奏。请旨。

朱批：好。

允祉等：《为奏闻京城畅春园得雨事折》

（康熙四十九年五月十九日）

窃本月十六日晨时地阴，夜四更击鼓四次鸣雷，微寸乃止。十七日巳时正三刻复微雨，酉时头刻止。戌时头二刻又微雨，从此且下且止，十八日午时头三刻止。未时正刻雨潇潇，申时头一刻止。酉时头一刻复微雨一阵，酉时头二刻雷雨潇潇，酉时正一刻雨渐小，戌时头一刻止。夜三更复微雨一阵，十九日卯时头三刻天晴。臣等看得，此次降雨，京城畅春园周围遍得均匀，且甚沾足。皇父至圣极仁，宵旰勤民，无时不以民间稼穑为念。今春曾雨水甚调，五月初旬无雨。皇父以此为虑，屡颁谕旨，令勤祈雨。从初五日始祈雨，是日便得雨。继之十一日又得微雨。今两整日得雨沾足，不仅麦子有十分收成，且新苗亦甚茂。是乃皇父圣德，敬天诚切，感召天和矣。臣等不胜欢悦，谨具奏闻。

再，臣等十六日奏折内奉旨：这两日得雨则罢，若不下雨，则传谕礼部，禁止杀生，祈雨三日。钦此。现既得雨沾足不议处，本月十五日捧接谕旨，臣等即传谕礼部祈雨。据礼部尚书穆和伦来报：查例前年遵旨祈雨，即禁止杀生。等语。故照例禁止杀生以祈雨。为此一并谨具奏闻。

臣允祉、允祺、允祕

朱批：朕甚喜悦。看尔等奏书情形，我们此处雨似乎多。

允祉等：《为奏闻京城畅春园得大雨事折》

（康熙五十年五月十三日）

窃本月初十日酉时头刻天阴，戌时头一刻微雨一阵，十一日晨百更时天晴。是日申时头一刻天阴，戌时头一刻微雨一阵，夜二更雨潇潇，二更击鼓三次时微雨，三更时雨止，十二日辰时头一刻天晴。酉时正刻天复阴，更鼓前些雨潇潇，二更击鼓九次时倾盆大雨，打三更时雨略小，至三更末止，十三日百更时天晴。看此次得雨，京城畅春园周围，街道俱存水，田地火透。臣等钦惟皇父至圣火仁，屡旨祈雨，蒙天眷佑，相继得雨，庶于田禾大有裨益，以副圣意。为此谨奏，临奏臣等不胜喜悦之至。

臣允祉、胤禛

朱批：在此得雨甚足。

允祉等：《为奏闻京城畅春园附近得雨事折》

（康熙五十三年二月初八日）

本月初七日晚打更前，天阴。初八日晨五更二鼓时，雨淅沥而下；巳时正刻起大雨滂沱；午时正刻雨稍有间隔；至未时，雨仍稍下。

为此谨恭奏以闻。

臣允祉、胤禛

朱批：此处之雨皆同。

张玉书：《赐游畅春园玉泉山记》

四月初四日，辛未，上御畅春园内澹宁居。大学士伊某等以折本请旨毕，上传大学士伊某、阿某、王某、张某，尚书库某、马某、索某、图某、沙某、班某，左都御史沙某，侍郎常某、席某、朱某、安某、满某，学士德某、常某，同进畅春园看花。

从澹宁居右边入至渊鉴斋前，沿河堤上列坐，赐饭毕。诸臣纵观岩壑，花光水色互相映带，园外诸山历历环拱如屏障。上御船绕渊鉴斋而下，命诸臣从岸上随船行。诸臣过桥向西北行，目不给赏。至花深处，是时丁香盛开，共数千树，远近烂漫。上登岸，命诸臣随行。遇各胜处，辄来赐指示，诸臣得一一见所未见。游毕，回至渊鉴斋前，谢恩而出。

是日，上随谕诸臣，玉泉山迩日景物正佳，初六日早再来同游。

初六日癸酉早，上御玉泉山静明园，诸臣俱集，从园西门入。园在山麓，环山为界。树木蓊郁，结构精雅，池台亭馆，初无人工雕饰。而因高就下，曲折奇胜，入者几不能辨东西径路。攀跻而上，历山腰诸洞，直至山顶，眺望西山诸胜。

上传谕诸臣，俱乘船回，各家人役皆携襆被，先至西直门伺候。诸臣出至园门外谢恩，皆称："臣等生平经历山水胜概，从未得如此耳目开涤，心神怡旷，真天作地成，以贻皇上。蒙恩赐游，实千古未有之幸。"上遂登舟，留大船二只，一赐亲王乘坐，一令诸臣并载，并差员前往启闸。沿途稻田村舍，鸟鱼翔泳，宛然江乡风景，而郊原丰缛气象又为过之。诸臣至西直门登岸，莫不踊跃欢欣，庆圣世泰交之盛，自卷阿游歌以后旷世仅见云。

玄烨：《避暑畅春园雨后新月》

园亭气爽雨初晴，新月胧胧透树明。

漏下微眠思治道，未知清夜意何生。

玄烨：《三月初十日，恭请皇太后雅玩斋进膳看梅花》

当年梅雪伴，今岁暮春迟。

银杏舒新叶，木兰盖绿枝。
花当亭畔发，香逐雨中移。
别殿陈鲜蜜，尚方献瑞芝。
老莱舞膝下，珠草列仙墀。
敬上乔松祝，欣瞻王母仪。
捧觞称寿句，进酒问安词。
地润铺红萼，波澄敛玉池。
高峰多爽气，绮树得丰姿。
漏转催辰半，表行近画奇。
承欢同永日，孝思莫违时。
会庆思经义，千秋古训垂。

玄烨:《畅春园众花盛开,最为可观。惟绿牡丹清雅迥常,世所罕有。赋七言绝以记之》

碧蕊青霞压众芳，檀心逐朵韫真香。
花残又是一年事，莫遣春光向日长。

玄烨：《畅春园观稻，时七月十一日也》

七月紫芒五里香，近园遗种祝祯祥。
炎方塞北皆称瑞，稼穑天工乐岁穰。

玄烨：《西苑试士》

霁日东风暖，平川宇宙宽。

文章随世转，经史得人安。
讲学前贤奥，观光后进欢。
有生宵旰虑，独望和羹难。

允祉：《扈从畅春园途中作》

微雨应秋晨，銮舆出紫阗。
晚田沾更翠，广陌润无尘。
雾色迷前岭，溪流响近津。
西成看已告，共庆太平人。

胤禛：《畅春园芍药花开作》

首夏清和殿阁开，园中景物足徘徊。
翩翩紫燕衔泥去，睍睆黄莺过水来。
槐影初圆当永昼，桐阴渐引上层台。
更怜芍药临风好，香袭书帷锦作堆。

胤禛：《自畅春园入城途次口占》

锦堞连云日欲西，暖风弱柳玉河堤。
翩翩紫燕如相识，一路飞鸣逐马蹄。

允祐：《畅春园夏日应制》

佳辰又喜逢深夏，是处园林带早凉。
岸外绿杨垂似带，枝间好鸟啭如簧。

人家共被熏风远，物类齐欣化日长。
岁岁年年依膝下，晨昏咫尺接恩光。

允礼：《畅春园春日即事》

东窗渐觉曙光升，上马临堤自在行。
片片飞花旋地舞，枝枝细柳扑衣轻。
禁门启处和风畅，御辇来时瑞气迎。
美景良辰无限乐，况当盛世泰阶平。

允礼：《冬日畅春园即事》

三冬正值冷人天，漫道阳春景独妍。
雪舞长空花满树，冰铺灵沼玉为田。
遥山顶上来轻雾，偏殿墀头绕瑞烟。
更是出群松色好，青青常供御筵前。

弘历：《诣畅春园问皇太后安》

皇州冬尚暖，仙苑景如春。
温清斯欣适，起居此敬询。
率因成例事，已觉阔多辰。
养志吾心切，那论来往频？

（迩年以皇太后喜居畅春园，故自木兰回跸，虽因冬令时享还宫，每间数日，辄命驾问安。冬至前始奉皇太后还宫，率成例事。）

弘历：《无逸斋》

（无逸斋在畅春园中，皇祖所建也。葺而新之，以为问安憩息之所，得诗二首。）

几有陈编览，斋无玩物凭。
文渊企深汲，道岸仰先登。
堂构期勤肯，仔肩惧莫胜。
永惟心作所，庭训倍钦承。

胜地宜慈豫，高斋味至言。
荷风凉拂簟，竹气净当轩。
坐爱琴书润，浑忘鸟雀喧。
壶中承夏清，膝下领春温。

弘历：《清溪书屋》

（畅春园中是处为皇祖宴寝之所，我皇考改建恩佑寺以奉御容。乾隆癸亥，奉移于安佑宫，逮今四十余年，有司以修葺告成，敬诣瞻仰，并记是什。）

书斋朴斵碧溪边，玉几亲凭宛目前。
旰食何由希烈骏，含饴惟是忆恩骈。
犹仍堂构秋风日，迅速光阴卌六年。
况此轩皇成鼎处，云天仰望益愀然。

弘历：《蕊珠院》

（畅春苑湖中杰阁数楹，上摩清颢，下瞰澄波，皇祖题之曰蕊珠院。朕奉皇太后驻跸是苑，每问安视膳于此。信乎清都之境，不老之庭也。因成长律，敬勒壁间。）

镜里层楼号蕊珠，网轩四面远山图。
尧年宝露犹霑树，王母香华每降厨。
地是上清无暑境，庭名不老列仙都。
六星又见朝南极，鸾鹤纷随瑞霭扶。

弘历：《恩慕寺瞻礼六韵》

尊养畅春历卌冬，欲求温凊更何从？
天惟高矣地惟厚，慕述祖兮恩述宗。
圣德宁资冥福报，永思因启梵筵重。
阶临忍草韵光寂，庭列祥枝慧荫浓。
忾若闻犹僾若见，耳中音与目中容。
大慈本悟无生指，渺息长怀罔极恭。

（南苑永慕寺，皇祖为太皇太后祝厘所建；畅春园恩佑寺，皇考为圣祖荐福所建；今为圣母敬启梵宫，即于恩佑寺侧，名兼恩慕，亦志绍承家法之意云。）

弘历：《集凤轩》

养志冬常驻园，问安暇此题轩。

岂必雍喈真集，所喜萋菶犹存。

抡材群引广厦，较射兼御西门。

宝额永辉圣日，含饴敢忘深恩？

（问安日视事此轩，于大西门较射尤便。）

弘历：《出畅春园观稻遂至泉宗庙》

清晓问安诣畅春，溪堂退食净无尘。

畴咨敕政还余暇，观稻因之步辇巡。

鳞塍处处绿苗芃，逾月农功迥不同。

所愿雨旸时此后，西成未到敢言丰。

长堤五里峡溪町，欲穗秧苗过雨青。

大似摄山山下路，柳围花绕向江宁。

庙洁神灵信有之，迩来泉盛雨还时。

都绿稼穑关民命，吾祷宁因或有私。

弘晓：《初秋随畅春园恭纪》

初秋晴旭映龙旗，万骑云腾望里移。

正是圣皇勤讲武，巡方盛事纪风诗。

雨洗青山玉仗前，黄云覆陇亘长天。

西成有兆人民喜，遥听华封祝圣年。

王鸿绪：《赐游畅春园恭纪》

西岭千秋水，流成裂帛湖。

分支归御苑，随景结蓬壶。

玉蛛凌波迥，瑶台入汉孤。

上林曾有赋，于此见真图。

湖映千林绿，山围一苑青。

花间开凤阁，树杪出龙亭。

香气无边散，莺声不断听。

更看幽绝处，渔网挂烟汀。

王鸿绪：《闰三月二十一日，召大学士臣张玉书、臣陈廷敬、尚书臣王鸿绪，偕内直词臣游畅春园。列五席，席十二簋，复赐御馔八肴，御点八金盘，宴毕谢恩。随命中官泛舟，引至各院看牡丹，历竹径、鱼塘，登湖中平台，仰瞻台上层楼。复移棹游玩，至午后方出，恭纪》

其一

暮春首夏百花天，上苑朝来诏旨传。

枢要忝随纶阁后，清华犹占凤池前。

甘泉紫气和仙馔，太液晴光映绮筵。

更荷金盘分玉案，摛词难罄谢恩笺。

其　二

貂珰同上木兰舟，引入天香洞府幽。

魏紫姚黄成万本，鞓红莲白亦千头。

鸟知色艳来争语，蝶爱花深去复留。

霞采一庭成濯锦，人间那得此丹丘。

其　三

欧阳昔品牡丹花，元白先经诗里夸。
只道游春寻胜事，未闻延赏得天家。
君逢明圣多恩泽，时际升平有物华。
须记御园灵异处，云霞五色灿仙葩。

其　四

更从别苑一经游，也是名花无数稠。
叶叶枝枝俱作态，高高下下欲凝眸。
瑶台香透琴书润，龙案云生翰墨浮。
圣主清平浑不尚，虞歌有道自千秋。

其　五

竹院清秋敞御亭，千竿修挺拂云青。
淇园如箦曾传咏，冀野成林未见经。
只为苍琅天属爱，移来上苑地呈灵。
始知造物无南北，总仗丹霄雨露零。

其　六

苑里芳湖百顷光，甃成文石养鱼塘。
绕堤杨柳凝深绿，傍岸菰蒲散晓凉。
波面游鳞常出没，水中香饵自低昂。
到来至乐同濠上，尤觉天池生意长。

其　七

琼楼瑶馆是蓬莱，锦石为阶玉作台。
已从步屧历芳岑，更泛兰舟转碧浔。

无数花间围别院，有时岩畔见双林。
呦呦草际鸣仙鹿，剪剪波心掠翠禽。

其　八

一出阆风疑梦里，几回欹枕费思寻。
当面水光平若簟，四围山色翠成堆。
悬廊好鸟千般语，向日奇花万种开。
仰视中间龙座迥，共从檐下一徘徊。

陈廷敬：《四月二日召赴畅春园，赐食瑞景轩，泛舟于苑中》

凤掖风微漏点沉，雀罗门掩一春心。
三年重续金闺梦，半夜惊传玉殿音。
覆悚易忧筋力缓，当筵惟感岁时深。
名花绕座搔霜鬓，何限天香上盍簪。

银汉蓬池水接连，太清宫殿渺云烟。
不因侍帝来天上，几见随槎到日边。
宝笈图书编舜历，金瓯歌纪颂尧年。
只应尽却浮尘念，检点仙官未了缘。

高士奇：《侍从畅春园宴游恭纪》

胜景藏丹壑，荣光盼碧除。
殊恩惊望外，旧路记来初。
径曲中官引，尘清上象虚。

不缘宸宠渥，那得历仙居。

御苑森严地，人寰别有天。
铜池微滴雨，珍木远含烟。
院静莺吭滑，山遥翠黛连。
纵游承密旨，徙倚日为年。

窅窕云廊转，参差水榭清。
烟岚随目换，林壑自天成。
鸯瓦鱼鳞簇，虹梁雁齿平。
皇风存简朴，曾不尚丹楹。

野萼红翻浪，山荑绿长痕。
引泉摇露索，就树列云根。
亭毒知天意，滋培沐圣恩。
寸心同小草，无计答春温。

百卉邀天泽，名花独殿春。
异香吹不断，浩态写难真。
锦濯巴江水，琼霏县圃尘。
洛城千万种，争似御园新。

一径回峰侧，言从古洞过。

涧松亲种植，口敕许摩挲。
雨润龙形鬣，苔深佛顶螺。
岩边虔盥漱，合掌祝尧多。

（上指莲花岩小松云：“此尔随朕清凉山所移者，今已成树。尔可登岸摩挲之。”）

高士奇：《恭赋畅春园牡丹》

绣槛无尘翠幕深，玉盘金缕护春阴。
上林风暖移根早，识取东皇长养心。
晕紫鞓红各一群，望中纠缦卷璚云。
玉皇案畔香如海，未必仙官便得闻。

荡烟霏雾簇千缯，洛水彭州见未曾。
紫幄风轻光不定，春晴谁转百枝灯。
宜深宜浅间斜行，风叶低垂露蕊昂。
诸葛颖如来后苑，不知布策可能量。

露华冉冉日华浮，珠彩摇光烂不收。
一片异香天上发，不须腰鼓打凉州。
碧栏杆拂彩霞痕，列锦团窠射晓暾。
独有一丛檀印浅，柘衣应是百花尊。

当风绣缬晓斑斓，态自繁华意自闲。

仙品由来依洞府，肯教传种到人间。
锁阶行去画廊纡，数遍花丛日欲晡。
愿作鲇波双蛱蝶，勾栏长得绕香须。

曹寅：《畅春苑张灯赐宴归舍恭纪》

月路烟霄御地澄，上林春灿九华灯。
暖随榆柳初传火，象衍鱼龙渐泮冰。
阁外苍山排玉笋，盘中珍果荐窠绫。
兰台异数曾沾渥，赋拟枚皋拙未能。

遐荒旃毳仰陶甄，筐篚微忱切下臣。
忆祝尧年书甲子，重瞻玉历纪壬辰。
狂收翰海鲸鲵靖，清润瑶山草木新。
上寿普天歌圣孝，生民同庆太平春。

光浮太乙照千门，遍召阳和布密恩。
辇路余馨敷细草，籞阑分饷及中尊。
久惭衰病承貂珥，乍眩青红列只孙。
放仗几家笼蜜炬，缓归骑马月中村。

风香绕路拂红绡，自拟长参寄具寮。
湖汇万泉清地纪，春回北斗见天标。
幸无邻比喧腰鼓，懒逐游人上埦桥。

宝勒金鞍少年事，只应篝火伴幽寥。

揆叙：《畅春园外赐观烟火即事》

其　一

钩陈肃肃羽林枪，分区列庐紫界墙。
春在圣人天上蚤，金龙旗脚间鹅黄。

其　二

画图空展玉鸭义，难写行宫好岁华。
休沐幸停三殿直，韶光分遍五侯家。

其　三

梁苑花间簇看场，绿杨深映彩兜装。
玉泉引得还催闸，尽送春波绕御墙。

其　四

桂轮飞上树梢圆，转傍觚棱分外鲜。
最是上林回望好，西山一发澹如山。

其　五

浑疑佛土界金绳，玉刹琼楼现几层。
共庆丰登同乐意，九重传旨试花灯。

其　六

神器藏机自古无，林间惟见锦函糊。
一声霹雳坚城下，现出当年破阵图。

其　七

呼得洪崖共拍肩，遥瞻珠箔护祥烟。

鱼龙曼衍呈新枝，万岁声喧御幄前。

其　八

指点遥山紫翠昏，炮车顷刻震云根。

惟应唤起乖龙睡，一润郊原野烧痕。

其　九

星桥火树纵横夜，银色光中转玉轮。

此夜留欢兼选胜，能忘附翼与扳鳞。

其　十

归来御路任轮蹄，夹道花灯落未齐。

剩有松醪能醉客，不妨同倒碧颇黎。

其十一

星球隐隐移宫树，雨脚重重湿画檐。

好景难摩须记取，凭君点笔卷重帘。

其十二

欢场人散课诗时，击钵真嫌刻烛迟。

谱入太平新乐府，莫教闲赋踏灯词。

王士禛：《三月十二日拜御史中丞赴畅春园谢恩作》

西山晓翠望觚棱，五载田园倏见征。

右掖一星明执法，南台六察领中丞。

清时衮职将何补，昨梦瀛洲已倦登。

霄汉承恩频忝窃，新衔还是一条冰。

查慎行：《闰三月二十一日蒙恩召入渊鉴斋，乘舟至瑞景轩、蕊珠院露华楼，遍观各种牡丹恭纪》

宣唤欣承异数加，高从银汉泛红槎。
行陪阆苑神仙侣，看遍春风稳重花。
秾淡何心随造化，丹青难貌是韶华。
枬檀别殿分明到，只作华胥好梦夸。
艳极真宜过雨看，枝头肃肃尚朝寒。
盘宇向背开琼扇，璎珞高低现宝鬘。
白日光中云五色，明波濯处锦千端。
天工顷刻呈新瑞，点出灵砂九转丹。
万卉千葩未觉稠，扫官老监记牙筹。
芗林不断通三岛，花海无边际十洲。
佳气氤氲蒸作雾，余霞缥缈结成楼。
蕊珠一本尤奇绝，径尺重台两并头。
瑶阶扣砌望回环，映澈层层着色山。
御谱新标题品外，佳名微别浅深间。
心如草木春知闰，天并君王霁在颜。
一片炉烟成百和，袖中携得国香还。

查慎行：《清明前三日重直畅春园观桃花》

暖烟晴霭互交加，散作高低远近霞。
行尽人间冰雪路，又来天上看秾华。
已逢蛱蝶未闻莺，闰岁春迟倍有情。

毕竟凤城花信准，早桃开候近清明。

张英：《乙亥四月二日蒙召赐宴畅春园，盖特旨也，漫成四首》

深宵剥啄启衡门，凤旨来宣荷异恩。
明日马蹄侵晓出，琪花丛里到仙源。

苑树新成荫碧条，水边同上木兰桡。
纡回山径过双柳，红紫花围白板桥。

斯游何异泛仙槎，瑞景轩南聚物华。
魏紫姚黄都看遍，御栏千种洛阳花。

远砌斜倾赤玉盘，轻阴更带露华涛。
侍臣不管雕栏隔，争看中央绿牡丹。

张英：《乙亥六月二十日，奉召至畅春园，赐食于韵松轩，赐宴于渊鉴斋。宴毕敬观御书于佩文斋，赐御笔书扇并红白千叶莲各一瓶。恭赋四章。同召者户部尚书臣廷敬、原任左都御史臣鸿绪、学士臣藻、少詹事臣士奇、太常少卿臣杜讷、督捕理事官臣会恩、侍讲学士臣夔、庶子臣岳颁及长男侍讲学士臣廷瓒》

时和鸣鸟听雍喈，避暑亭皋惬圣怀。
苑柳凉生宣政殿，渠莲香绕读书斋。
林幽地静烟霞古，径转溪回水石佳。

惟有侍臣恩眷渥，木兰舟泛到蓂阶。

万几临御久精勤，暇日皇情涉典坟。
窗度竹风弥静远，帘垂花气更氤氲。
芸香披卷侵晨色，莲漏观书达夜分。
水变墨池何足讶，琳琅千轴尽奎文。

遏云亭畔列芳丛，景物人间迥不同。
玉蕊乍惊天上树，荔枝初见岭南红。
雕栏鸟语曈昽日，水殿兰香澹荡风。
总是生成饶雨露，擢英竞秀碧霄中。

自昔诗称玉井莲，锦堂今见露花鲜。
重召异种蓬壶客，碧藕奇姿太液仙。
瓶贮荷香分渥泽，舟移花影度晴川。
一曾拜赐芙蓉阙，日日清芬几席前。

张廷瓒：《乙亥六月二十日奉召至畅春园，赐食于韵松轩，赐宴于渊鉴斋。宴毕敬观御书于佩文斋，赐御笔书扇并红白千叶莲各一瓶恭纪》

其　一

露滴晴皋出凤城，垂鞭沙路马蹄轻。
华林院外清阴满，坐倚高槐听鸟声。

其　二

金貂宣召入离宫，阊阖门开禁苑东。

转过圣人勤政地，黄罗高覆御床中。

其　三

宛转回廊启细旃，新晴云影落窗前。

香生玉粟流匙滑，尚膳先颁玳瑁筵。

其　四

磷磷石色鲇苍苔，一曲清溪许溯洄。

夹岸蝉声听不断，小舟移过板桥来。

其　五

平湖风细镜同清，指鲇亭台烟雾生。

苍翠远飞千树外，西山一带画屏横。

其　六

紫兰含露傍云编，渊鉴斋头玉井莲。

鱼鸟真同灵沼乐，菰蒲深处白鸥眠。

其　七

天酒光浮白玉杯，枇杷金裹伴杨梅。

更余菱实清芬甚，新采莲房出水来。

其　八

风穿怀袖荔枝香，珍果携归自尚方。

未敢先尝留共看，水晶珠映绛纱囊。

其　九

遏云亭畔竹栏横，素蕊修篁绕径生。

如到蓬山最深处，几多瑶草不知名。

其　十

南粤名花重佛桑，远游无计见芬芳。
新从上苑凭栏玩，海日初飞赤玉光。

其十一

牙签插架佩文居，帘卷和风晓漏余。
浥露研朱长昼静，君王清玩总图书。

其十二

渊源道统圣心同，六籍勤披甲帐中。
案上紫阳书一卷，传薪精义阐宗风。

其十三

湘管文犀卧笔床，松烟竹素斗琳琅。
方池龙尾端溪石，小玺螭头汉玉章。

其十四

龙笺千轴灿如林，宸翰雄奇冠古今。
笔力由来天纵异，临池况复圣功深。

其十五

分颁官扇玉床前，天藻淋漓宝墨鲜。
自顾微生同小草，仁风披拂自年年。

其十六

鸾凤争飞笔有神，硬黄挥洒锦云新。
圣慈乐育真无极，不责愚臣奏请频。

其十七

藕花开遍钓鱼矶，含蕊千重异种稀。
十队明霞香扑路，侍距齐捧胆瓶归。

其十八

暮山烟敛夕阳红，返辔平畴受好风。
回望觚棱浮树杪，此身来自五云中。

其十九

归陈肴核荐宗祊，位置天葩斗室香。
更展御书窥八法，紫霄佳气烛文昌。

其二十

迎门老稚尽腾欢，浩荡恩波碧海宽。
胜事千秋宁易觏，况臣两世遇尤难。

张廷瓒：《召至畅春园书扇恭纪》

其　一

曙色初分鸟乍啼，轻衫蚤出帝城西。
柳丝踠地萦鞭影，芳草成茵衬马蹄。
雨霁西山岚气重，风回南亩翠烟低。
蓬莱五色云生处，遥指华林万树齐。

其　二

层轩宛转上林東，高卷珠帘受好风。
泉脉远来青涧曲，漏声遥转绿荫中。
庭前片石苔痕古，窗外千峰黛色同。

身对瀛洲清闷地，惊心挥翰转难工。

张廷玉：《春日侍直畅春园即事》

侍直蓬山侧，春光又一年。
绿芜酣宿雨，红杏破轻烟。
燕羽穿帘幕，禽声答管弦。
摊书忘昼永，钟漏隔花传。

灵台风物好，和气自成春。
在藻鱼吹浪，衔芝鹿近人。
繁花迎翠辇，芳草藉雕轮。
最爱寻芳蝶，蹁跹趁钓纶。

锦石桥边路，簪毫日日过。
柳荫春水曲，花外暮山多。
雨洗檀栾竹，风流窈窕萝。
银河天上泻，下界沐宏波。

闲阶容小立，露草有余芬。
松影团成幄，花光散作云。
远霞高处见，清籁静中闻。
徙倚窗前石，衣沾紫鲜纹。

张廷枢：《拟夏日畅春园应制》

北阙微茫霄汉迥，西山掩映画图开。
陂塘流绕桑乾出，洞壑云飞碣石来。
天上徒闻传阆苑，人间真喜到蓬莱。
宸游岁岁清和日，载笔惭无作赋才。

钱名世：《五月五日侍直畅春园，蒙恩赐馔恭纪》

榴火朱明节，蓬山紫府天。
膏分仙鼎味，香带御厨烟。
蒸暑消清御，恩波湛玉泉。
侍臣俱饱德，异数一时传。

别苑尘氛外，灵池岭翠旁。
有花皆向日，无树不招凉。
彩缕千丝细，蒲根九节香。
天中开午运，霁景正舒长。

徐元梦：《畅春园书堂春日即事》

春光浩荡是天家，五色迷离处处花。
探讨自应志岁月，云窗卷帙足生涯。
花光柳色荫晴川，讽咏何期此地偏。
黄鸟也知人意乐，朝朝啼向艳阳天。

孙岳颁：《奉命赴畅春园写扇，蒙恩特赐笔墨恭纪》

别馆深居西郭遥，水回山抱建霞标。
卿云偏拥林峦秀，佳气中含景物饶。
避暑暂违青琐闼，封章仍奏紫宸朝。
承恩宣召趋跄急，何意层层历绛霄。

凤舞龙飞仰御书，临池真愧奉宸舆。
扇分斑竹千杆秀，画展湘江八景余。
放眼山林神淡远，寄情花鸟笔萧疏。
恭题祇觉难相副，珍重应怜腕未舒。

文物遥传映日华，捧持给赐出皇家。
松烟纹簇双龙脊，镂管毫生五色花。
岂有法书邀鉴赏，敢当天语重褒嘉。
拜恩弥觉滋惭汗，优礼儒臣洵莫加。

谁云乌玉久如新，谩说蒙恬造自秦。
讵似龙香调御墨，宁同翠羽饰湘筠。
会磨端石承零露，好写藤笺绝点尘。
从此茅斋增气象，祥光隐隐丽三辰。

尤珍：《六月二十七日畅春园引见讲官恭纪》

一带浓阴绕御园，班行肃列进重垣。

堂高晓护层云丽，路净宵凝湛露繁。
穆穆圣容瞻日近，雍雍天语被春温。
微臣疏拙真无似，十载承明荷主恩。

王廷灿：《畅春苑》

行殿郊原外，迢迢十里程。
珠宫花是海，贝阙柳为城。
爽接西山近，光连太液明。
高梁桥上望，瑞气满神京。

博尔都：《畅春园》

海淀晴光开紫宸，玉山环绕碧嶙峋。
两阶干雨重华日，十月宫花上苑春。
爽气西来通御座，浑河东望接天津。
微臣愿进豳风什，雨露年年沐圣人。

鲁之裕：《畅春园外即事》

百廛千陌线高梁，锦绮轮蹄御路长。
积雪尽融春气暖，野花渐逼午时香。
金河曲里分茵酌，玉树阴中并旆扬。
叵耐软尘风助虐，一时污变丽人装。

罗衣纨扇步西湖，花柳长堤醉索扶。

小雨顿清天地色，大风常起帝王都。
春留上苑何曾去，莺占乔林只管呼。
归去故园夸创见，游仙何必到方壶。

秋宵每向御街行，万柳扶疏星斗横。
蟾兔有情低照影，笙箫如语静闻声。
金莲入直莹千账，银箭传更肃五城。
耳目清娱炎暑却，踏歊容与薄罗轻。

附录四

西花园诗文选录

玄烨：《畅春园西新园观花》

春光尽季月，花信露群芳。
细草沿阶绿，奇葩扑户香。
寸心惜鬓短，尺影逐时长。
心向诗书奥，精研莫可荒。

弘历：《讨源书屋记》

畅春园之西有屋数楹，临清溪，面层山，林木蓊郁，既静以深。溪之藻匪蒲伊荷，山之禽匪哓伊歌。额之楣曰讨源，则我皇族摛天文而垂擘窠也。昔予小子日侍清宴之所，今以问安视膳之暇，亦每憩此，咨政抡材。肯构继志之衷，久而弗敢懈。盖尝深维讨源之义，岂以其据浑浑之泉府，似窈窈之洞天，骚人寓意所为武陵花源之比也哉！孟子曰：原泉混混，不舍昼夜；盈科而后进，放乎四海。朱子解之曰：如人有实行则亦不已而渐进以至于极。斯言也，引而未发。然内圣外王之学，实檃栝而无遗。夫水则有源，人何独无？是故尧舜，政治之源也；孔孟，道德之源也。非特此也，颉之书，羿之射，输之巧，旷之音，鹊之医，僚之丸，秋之弈，无不各得其源。或曰：如是则其源已纷，而流益莫可同矣。顾尝论之，圣人人伦之至，而武周夷齐相反，是得谓之同乎！然其心之自安，各行其至，是则无不同。故百越适京师则北辕，朔漠适京师则南首。南首北辕，大不同矣。及其既至则同。故尧舜政治之源在心，而孔孟道德之源亦在心。颉之书，羿之射，输之巧，旷之音，鹊之医，僚之丸，秋之弈，何一不在心哉！且夫天下之水其源多矣，而海则无源。无源正众水之源，则水之源亦在心，昭昭明矣。如是则圣人讨源之旨，直上接十六字之心传，而非怡情山水之为益可知矣。

弘历：《讨源书屋》

湖烟欲敛晓凉浮，
长乐朝回此憩留。
要识溪山如旧日，

顿怜风物报新秋。
雨余荷气迎人馥，
风过竹声似管繁。
佳景便教成即景，
讨源终愧未穷源。

鸢鱼天趣适飞潜，
向远虚明万景兼。
荻雨荷风三伏里，
红桥红水一痕添。
尚书履向花间度，
侍史囊从柳外传。
岂以游观疏昼接，
不因清宴忘朝乾。

弘历：《讨源书屋视事》

解作亦已息，晨旸良足怡。
萱阶问寝退，视事言临兹。
兹屋匪我作，日我神尧诒。
童年陪豫游，卅载去如驰。
未敢乖宪章，何有致雍熙。
忆昔勤政心，抚景兴赍咨。

弘历：《春暮讨源书屋》

杏牖延虚朗，松轩与静偕。
发生资橐籥，消息悟根荄。
错锦红围岸，铺茵绿到阶。
春光如有待，安得置吟怀。

会心不在远，得句岂须多。
小阁凝神坐，平桥步屧过。
水边新柳线，雨后远山螺。
比似江南景，诗人道若何？

寄兴烟霞外，游神竹素园。
研精因得趣，契理亦忘言。
鸥狎心无竞，鹿驯手可扪。
桃花林夹路，此是武陵源。

弘历：《讨源书屋对雨》

渥雨刚欣数日晴，朝来解作应时行。
询安退憩资搜咏，视事畴咨慰利耕。
乍见庭凹起泡影，更闻闸口落泉声。
片时西北旋开朗，宜麦宜禾总惬情。
（是时麦将收宜晴，禾初苗宜雨。雨而即晴，实惬农望。）

弘历：《讨源书屋新秋》

露湛风萧玉宇清，今年秋信太分明。
坐来恰喜书斋晓，目极高空静六情。
书屋轩窗足静幽，四时皆好最宜秋。
畴咨已罢余清兴，宋玉佳词在案头。

弘历：《初冬讨源书屋》

萧斋构重隩，秋老山容古。
鉴池霜后澄，潜鳞俯堪数。
明窗向暖曦，氍帘垂我户。
匡床一趺坐，坐久猊烟吐。
优游翰墨林，黾勉诗书圃。
安行纵未能，困学差可补。

弘历：《承露轩》

松轩潇落有书筵，树古全羸铜铸仙。
试看瀼瀼承瑞露，依然宝瓮见尧年。

弘历：《就松室》

构室实非难，老松特艰致。
因教室就松，满院覆凉翠。
抚檐聆谡声，迎窗眄古意。

据床小息偃，寓怀得别寄。
丈夫不轻从，子舆训此义。

沈德潜：《敬和御制讨源书屋元韵》

玉泉山色满林园，涧水依然夹道奔。
花亚雕栏红破萼，苔侵扣砌绿添痕。
龙飞凤舞钦皇祖，春露秋霜感圣孙。
一月万川澄印处，周情孔思见真源。

参考书目

1. 刘侗、于奕正，《帝京景物略》
2. 孙承泽，《春明梦余录》
3. 谈迁，《北游录》
4. 袁中道，《珂雪斋集》
5. 玄烨，《圣祖仁皇帝文集》
6. 中国第一历史档案馆整理，《康熙起居注》
7. 王原祁等，《万寿盛典初集》
8. 张诚，《张诚日记》
9. 张廷玉，《皇清文颖》
10. 于敏中等，《日下旧闻考》
11. 赵尔巽等，《清史稿》
12.《清实录》
13.《大清会典事例》

14.《八旗通志》
15. 王养濂、米汉雯、李开泰,《宛平县志》
16. 王志民、王则远校注,《康熙诗词集注》
17. 弘历,《清高宗(乾隆)御制诗文全集》
18. 王鸿绪,《横云山人集》
19. 查慎行,《敬业堂集》
20. 查慎行,《人海记》
21. 高士奇,《高士奇集》
22. 张英,《文端集》
23. 佚名,《人海诗区》
24. 昭梿,《啸亭杂录》
25. 吴振棫,《养吉斋丛录》
26. 徐世昌辑,《晚晴簃诗汇》
27. 王利器,《李士祯李煦父子年谱》
28. 国家图书馆藏,《样式雷图文档案》
29. 白新良主编,《康熙皇帝全传》
30. 向斯,《康熙相簿》
31. 周维权,《中国古典园林史》
32. 张恩荫,《三山五园史略》
33. 赵兴华,《京华园林寻踪》
34. 海淀区史志办编,《春华秋实》
35.《故宫博物院院刊》
36.《北京文博》

后 记

畅春园，对我来说，是多么熟悉而又陌生的地方！

我在近在咫尺的海淀镇上工作和生活了 40 多年，每年都会几十次上百次地穿行在畅春园的旧址上。我经常到海淀区体委、农林水利局、农业机械局、畜牧局、气象局去了解情况或开展活动。我到畅春园饭店进餐，到“畅春新园”散步，到海淀体育馆打球，到海淀乡的水田里插秧、割稻、挖荸荠、采藕，也都是在畅春园的土地上。我参加区委派遣的学大寨工作队，在海淀公社机关宿舍住了将近一年。公社的社址就在畅春园旧址北部中间偏东。当夜深人静，秋风送来阵阵稻香，我躺在破旧的木板床上，任思古的心绪漫无边际地驰骋：也许，摆放我这张木床的地方，就是康熙皇帝的寝殿清溪书屋。在 20 世纪“大跃进”年代深翻土地，我们挖掘出成片成片的“柏木钉”。这深埋了三百多年的木植竟然还没腐朽，这肯定是畅春园里哪一座殿堂的基础。我坐在海淀体育场的看台上，观赏亚运会女足比赛，这广阔的绿茵场原是畅春园前湖那碧波荡漾的水面，玄烨曾在那无边莲叶中乘舟漫游。

我对这块土地是再熟悉不过了。

然而，当我动笔要写畅春园时，我的头脑里却是一片空白；只有恩佑寺、恩慕寺两座山门和“畅春园东北界”石桩，清晰地显现在记忆的屏幕上。

在此以前，在我的《三山五园记盛》写作计划中，我已经将圆明园、香山静宜园、玉泉山静明园、万寿山清漪园的文稿写作完成了。我必须向这座“三山五园”中的第一园——畅春园，发动新的写作攻势。

我开始走了一段艰苦而又漫长的路程。

我首先得感谢国家图书馆、首都图书馆、国家科学图书馆和海淀图书馆对我的大力支持与帮助。首图北京地方文献中心的领导和同志们，给予了我无私的、无微不至的关心和服务。王炜和闫虹等同志，汇编检索了几家权威的数据库，为我搜集了数百件有关资料，包括古籍史料、报刊资料和其他地方文献材料。对这些史料进行认真的阅读和研究，仿佛将我带到三百多年前那个活生生的太平盛世。国图、科图和海图给我以阅读与研究的方便，体会到他们为社会为读者耐心服务的热心肠。特别是国图善本特藏部的同志们，使我有机会阅读了一批清代样式雷绘制的畅春园、西花园和周围园林的画样及“略节”等图文史料，使我得以较准确地认识与把握畅春园的地盘形势、园内山水和建筑布局、建筑存废、修缮的历史状况以及与邻近园林的关系等等。

我还要感谢我的众多文友，张有信、张恩荫、岳升阳、常华、许云、樊志斌、史久膏、田蕾、赵跃坤等同志，他们有的为我抄录和提供珍贵的史料，有的为我测量和绘制历史及现状地图，有的为本书拍摄和提供照片、插图，有的帮助校正文句、改正错别字并复印材料和文稿，有的向我提出写作、修改及出版的建议。海淀区史志办主任许云同志阅读初稿后，果断做出决定：将《畅春园记盛》全文作为《海淀史志》2008 年第 2 期单独出版发行，公开面世。这使我有机会听取读者和专家的批评意见和建议，做进一步的研究与修改，减少本书的缺点和错误。许云和樊志斌两同志还在百忙中为本书作序，给我以很大鼓励。

本书作为《京华通览》丛书之一公开出版，在编辑和修改过程中，得到主编段柄仁、谭烈飞和出版社的安东、于虹，以及王岩等同志的指导、支持和帮助，使此书得以顺利出版。在此，对以上诸位领导和朋友表示衷心的感谢。

由于资料不足和本人水平所限，对有关畅春园的一些问题的认识，肯定会存在不深刻、不完满、不准确以至不正确的地方，况且对畅春园的认识，在学术界本来就存在着不少歧见和争论，我只是在本书中发表了我个人的看法，希望得到读者的批评、指正。

张宝章

2017 年 11 月